JN123444

臨床心理士・公認心理師
田中櫻子
Yoko Tanaka

日本の心理療法入門

朱鷺書房

はじめに

日本国内の大学や大学院のカリキュラムで、日本の心理療法を集中的に学ぶ機会は、多くないと思います。この冊子を手にし、日本生まれの心理療法はこんなにあるのか、と驚かれる方もおられるのではないでしょうか。また、心理療法の、名称は知っていても、それが日本独自のものであると認識していなかった、という方もおられるでしょう。

大学や専門学校で心理学の授業に初めて触れる学生さんたちにとって、西洋の心理療法には手が伸ばしやすい一方で、日本独自の心理療法を全般的に学ぼうとすると、一つ一つの療法について、かなり分厚い書籍や事典に当たらねばならなかったりします。入門書を作ることによってこの状況を解消することは、意義のある作業に思えました。

執筆にあたっては、できる限り本法に忠実な記述となるよう配慮しました。また必要に応じて、精神科の医師をはじめとする専門家の方に目を通していただきました。

最も代表的な心理療法を３つとりあげ、第２章から配置しました。その他の心理療法については第５章に集めました。どの心理療法も、事例をお持ちの方の了承を得るなどし、なるべく事例まで載せるようにしました。

不十分だと思われる点は、どうぞご連絡ください。

著者

『日本の心理療法入門』 目次

カバーイラスト　田中彩音　装丁　白沢　正

第1章　こころと文化

Mind and Culture

日本社会が抱える問題

日本の心理療法を学ぶ前に、今の日本の社会を、心理学的側面から考えてみよう。試みとして、乳幼児健診を切り口として考察してみる。乳幼児健診（以下、健診）は一般的に、市町村の精神保健福祉センターで行われる。

その場で心理職が、主に観察者として期待されるのは、

・**育ちの観察（発達に偏りがある子どもの早期発見）**

・**母子関係の観察（虐待の早期発見）**

であり、相談担当者として求められるのが

・**養育者の疑問や不安についての面接**

などである。

子どもの発達の偏りを、生後1歳半までに見つけよ、と精神科医らが健診従事者に指示するようになって久しい。健診で問題を抱えた子どもを見つけ、その後の支援につなげていくことは、とても重要な行政の仕事である。この仕事は、視点を変えると、問題のある子どもをすくいとる網の目を細かくしていく作業、とも表現できる。

昔の日本の社会には、ハンディを持った人の活躍の場、働くことのできる職種が、それなりにあった。しかし今は、ほとんどすべての人に等しい能力や振る舞いが求められ、職場が必要とする能力にもバリエーションが少ない。

子どもの成長は、大人が思い描く通りに順調、かつ平均的に進むとは限らない。養育者の多くが、自分の子どもが少しでも平均から離れたと感じると不安になり、不安になると子育てが重荷になる。

日本では、子どもに対する評価が、養育者（たいていの場合が母親）の評価に直結していると、養育者たちが感じる傾向が強いように思う。子どもが

受ける評価によっては、その養育者が罪悪感や、孤独感を味わうだろう。

ヒトは、進化論的に高度な発達を遂げ、社会を作ってきた。その一方で、発達の途上、残念ながらその本能に、子育てのノウハウが十分に組み込まれなくなった。そこで、妊娠・出産そして子育てのほとんどすべてを、周囲から学ばなければならない。

昔の日本には、世代間や地域で子産み・子育てを教えあい、支えあう構えがあった。しかし今はどうだろう。ずいぶん以前から核家族が当たり前になっている。養育者は孤立しがちだ。

健診は確かに大切である。しかし、生まれた子どもの発達にコメントするだけでは、養育者を精神的に追い込みかねない。子どもの発達を気に病むあまり、養育者が虐待に及ぶ事例や、無理心中する事例もある。子育てや子どもの育ちに関しては、子どもを出産する前からの継続的な関わりを、視野に入れる必要があるだろう。

養育者の自我の育ちも重要な問題だ。未発達な自我を持つ養育者による子育ては、偏ったものになりがちだ。結果として、こころの発達に偏りを持った子どもが育つこともある（例：愛着障がい）。その子どもが親になって、また同じ状況を繰り返すかもしれない（例：世代間連鎖）。

適切な養育を受けない子どもには、心身の発達全体に、悪影響が出ることが考えられる。そういう子どもたちは、あたかも発達障がいかのような振る舞いをする。発達障がいは先天的な理由によるものを言う。したがってこの場合は環境的要因による愛着障がいである。

発達障がいと愛着障がい、この2つは、今日の日本社会を語る上ではずせない言葉ではないだろうか。

日本の心理療法はこれらの問題にどのように対応できるのだろう。終章で考察したいと思う。

東洋と西洋、日本と西洋

次章から日本の心理療法を紹介していく。日本の心理療法と言うからには、日本という国と、日本ではない国との違いを考える必要がある。日本ではない国と言ってまず思い浮かぶのは、アメリカやヨーロッパなど西洋諸国である。日本は当然ながら東洋に含まれる。ここでは東洋と西洋の差を考えるにあたり、そこに生きる人の認知の差と、認知の差が作り出す価値観の差を見てみたいと思う。

リチャード・E・ニスベット（Richard E. Nisbett,1941-）は西洋人を、主としてヨーロッパ、アメリカ、旧英連邦の人々と考え、東洋人を、主として中国、韓国、日本の人々と定義している。そして異なる文化の人々はそれぞれ特徴的な思考のプロセスをもっており、人間の認知はどこでも同じ、ではない、と言う[1)]。

中でも中国人の人生観は道教思想、儒教思想、そして仏教思想によって形作られている。これら三思想は調和と包括性を重んじる。特に儒教は真実を見出すよりも、この世を生きる「道」を見出すことに、より多くの関心を払う。これら三思想を輸入した日本も、同様な、もしくは類似の傾向があると考えられる。それに対し西洋人は探求の自由を持ち、論理規則、物理的法則などで物事を説明しようとする。これを、包括的（holistic）思考に対し、特定的（specific）な思考と言う[1)]。

日本庭園の写真を撮る場面を考えよう。西洋人の多くはある一つのもの、例えば庭にある苔むした灯篭をアップで写す。一方で、東洋人の多くは灯篭も含めた風景全体を被写体にする[2)]。

西洋人は一つのものを切り取り、それについて観察・研究し、詳細に描き出そうとする。東洋人はそのものと全体の調和に留意する。

ニスベットはこう言っている。

東洋人は、特に場（背景で起きている出来事）をよく見ており、出来事同士の関係を観察するスキルを持っている。世界は複雑でとても変化しやすく、また世界を構成する種々の要素は互いに関連し合っていると考えている。さまざまな出来事を一方の極からもう一方の極へと循環するものとしてみている。これに対して西洋人は、人や物を環境から切り離された各々独立のものとして捉え、出来事が少しでも変化するとすれば、直線的に動くと考

えている[1]。

山 祐嗣

コミュニケーションと思考スタイルの違いについて、山祐嗣（1959-）は共同研究において“東洋の高コンテクスト文化、西洋の低コンテクスト文化”という概念で説明を試みている。

コンテクストとは、コミュニケーション時に話し手と聞き手が共有する暗黙の了解のことを言い。その依存度が高い時、高コンテクストという。

日本を含めた東洋では、コミュニケーションがコンテクストに依存する度合いが高いため（高コンテクスト文化）、少々の矛盾がふくまれていても暗黙裡にそれを解消できるとする規範が形成されている。－略―これは言ってみれば「阿吽の呼吸」である[3]。

周囲と呼吸を合わせる行為は、周囲との調和を大切にする態度や価値観に支えられている。東洋人、特に日本人にとって、調和に裏付けられた「和」「絆」「ワンチーム」といった単語が重要として取り上げられてきた。

日本人の価値観・人間観についてもみておこう。倫理学の観点から日本思想史を研究した湯浅泰雄（1925-2005）は、次のように考察する。

「（日本人の場合は）権利義務の体系とか法則とかいった客観的規範に従って自己の行動を律するよりも、何らかの価値体系に対して自己を滅して献身していく。（その）場合の主体的動機、ないし心情が、利害損得の判断をはなれたものであり、その意味で純粋であればあるほど人間らしいと感ずる―略－[4]。」

これを具体例にあてはめてみる。新型コロナに対して第1回目の緊急事態宣言が出された時、日本人は純粋に協力した。その潔さは、全世界からも注目された。これは新しく登場した緊急事態宣言という価値体系に対して「自己を滅して」献身していった結果、と言えないだろうか。そして、緊急事態宣言が2度、3度と出されると、それらは一種の客観的規範以上の影響力を持たなくなり、はかばかしい効果が得られなくなった、と。

以上のことから言えるのは、東洋人、中でも我々日本人の文化では、調和や阿吽の呼吸といったものに価値が生じるということである。また、物事は関連付けられて包括的に捉えられることが多い。加えて、日本人が何かに向かって努力する時には、自己を滅して取り組み、客観的な判断よりもその場の空気が重視される。

西洋で発生し発展した心理療法が、以上のような認知、価値観の日本人たちの中に、どのように輸入され、どのように根付いていったのだろうか。

心理療法と日本文化

オーストリアのジグムント・フロイト（Sigmund Freud,1856-1939）は心理療法の祖と言われる。それまでも民間にはいろいろな治療法があったかもしれないが、学問的に心理療法を整えたのは、フロイトが初めてである。

一方、日本で初めて心理療法という言葉が用いられたのは、20世紀初頭のことであるが、それは生理療法という語との対比においてであった。心理療法という語がPsychotherapyという単語の訳として用いられたのは、1952（昭和27）年に精神医学者の井村恒郎（1906-1981）が提案したのが最初ではないか、とロールシャッハ・テストの研究者、片口安史（1927-1995）は報告している[5)]。

心理療法が日本社会でどのように展開していったか、東畑開人（1983-）が実践的な面に着目して整理している[6)]。アーサー・クラインマン（Arthur Kleinman,1941-）のヘルス・ケア・システム理論の立場に立つ東畑は、日本の今日までの心理療法の歴史を5期に分けた。

心理療法を語るとき、東畑は「心理学すること」「関係すること」の「循環」というモデルを使う。

「心理学すること」とは、心理学の知識でもって人間関係を考察、理解し、その中で求められている健康なあり方を、考えていくことである。「心理学すること」があって初めて心理臨床の活動となる。心理臨床家が育っていくプロセスは、「心理学すること」が身につき、心理語で事例を語れるようになることである。

「関係すること」とは心理臨床家がクライエントと交流することを意味している。

心理療法という活動は、この２つが「循環」することだと、東畑は言う。

日本の今日までの心理療法の歴史は、日本文化に「心理学すること」が根付くプロセスである。東畑の分けた５期とは、以下のようなものである。

１）日本の心理療法前史

明治維新後、欧米から輸入された治療文化が、日本における伝統的な文化的治療リソースを賦活させ、それと混淆することで新たな治療文化を創り出していった。近代化を目指すなかで科学的世界観にそぐわない前近代的な信仰治療は迷信として退けられた。

２）日本独自の心理療法－戦前の心理療法

欧米から輸入された心理療法が、日本の民俗的文化ソースによってつくりかえられていった時期。日本的な説明モデルを構築し、そこから導き出される人間像を治療像として治療を組み立てた。

３）日本化する心理療法－戦後のロジャース

敗戦後の日本はアメリカの強い影響力の下に置かれた。病院での心理士の雇用が進んだ。ロジャースのカウンセリングが導入され、爆発的なブームを迎えることになった。日本人はロジャースの心理療法を形式的・表層的に受容した。一方で、ロジャースの人間観や心理学理論を拒絶した。

４）日本人を「心理学すること」－1970年以降の河合隼雄

河合隼雄が日本において「心理学すること」を初めて広く普及させた。箱庭療法は日本人に「心理学すること」を広く普及させる役割を担った。また河合隼雄は日本人による「心理学すること」そのものを発明した。日本の昔話を見ることで、西欧の「心理学すること」に収まらない、日本的な「心理学すること」が生じた。日本文化を見ることで、それを見る目自体

もまた変質した。日本人的な生き方や心理的メカニズムを提示し、日本の心理療法の目標を設定し、具体的な治療技法を標準化していくことになった。

5）文化はどこに消えた？－21世紀の日本の心理療法

冷戦が終わり、グローバリゼーションが地球を包み込んでいった。日本でも新自由主義的な政策が打ち出され、医療や教育など様々な分野で至上主義が浸透していった。ローカルな文化が語られることはまれになり、世界標準にキャッチアップすることが喫緊の目標となった。

次章以降、日本の心理療法を７つ紹介していくが、これらは東畑の分類でいう２）期から４）期にまたがって分布している。それら７つの持つ性質や成り立ちが、果たして厳密に東畑が言う通りのものであるかは、吟味の余地がありそうではあるが。

こころの病と心理療法

東畑は、「心理療法は理論と技法を主要な構成要素として、心理学的説明モデルを生成する」とも言っている。「心理学すること」と「関係すること」は、「ともにその治療を包み込む文化によって深く規定されている」という。

治療とは心理の治療である、心理、すなわちこころが病むとはどういうことなのだろうか、抑えておく必要があるだろう。こころの病は通常、外因性、心因性そして内因性の３つに分けられる。この分類を知っておくことは、次章以降に登場する種々の心理療法が、どのような症状を対象としているかを理解するときの、助けになる。

① **外因性**：脳の器質的変化や身体的な病気に随伴して、精神的な不調が表れている状態。アルツハイマー型認知症や脳血管性認知症などもこれに含まれる。身体の治療が優先される。

② **心因性**：心理的な葛藤から、様々な症状が生じている状態。抑うつ神経

症（気分変調症)、強迫神経症（強迫性障がい)、不安神経症（不安障がい)、心気症（身体表現性障がい)、およびヒステリー（解離性障がい）などがそれにあたる。いずれか一つの症状だけが起こるよりも、複数の症状が重複することの方が多い。重度ストレス反応や適応障がいもここに含まれる。

③ **内因性**：外因性、心因性には当てはまらず、脳に何らかの病的変異が想定される心的な不調を精神病と呼び、内因性に分類する。うつ病や双極性障がい、統合失調症がこれにあたる。

これらの障がいを、薬物などの手段によらず改善の努力をするのが心理療法だとも言える。

第5章で紹介する'壺'イメージ療法の田嶌誠一（1951-）は、心理臨床とは、なんらかの病気や症状、障がいや問題行動を抱えた人びと、それに精神病・神経症水準の事例だけを対象とするわけではなく、非病者や健康水準の事例への心理的援助や心理療法的かかわりも、とりくむべき重要な領域だと述べている[7)]。

本稿で扱う心理療法の対象も、場合によっては比較的健康な人も含める。また「日本の心理療法」という語を日本で生まれた日本独自の心理療法という意味で用いる。尚、東畑は戦前に生まれた心理療法をもって日本独自の心理療法としているが、本稿はその限りではない。

【参考・引用文献他】

(1) リチャード・E・ニスベット（2004）『木を見る西洋人、森を見る東洋人』ダイヤモンド社

(2) エリン・メイヤー（2014）「西洋の考え方、東洋の考え方、その最も大きな違い」Harvard Business Review, https://www.dhbr.net/articles/-/2707?page=2

(3) 山祐嗣（2017）「推論・コミュニケーションの文化差とコンテクスト(特集　共生時代の文化と心)『心理学ワールド』(76)9-12,2017-01

(4) 湯浅泰雄（2006）『湯浅泰雄全集　全12巻　(5)日本哲学・思想史』白亜書房

(5) 片口安史（1974）『新・心理診断法』金子書房

(6) 東畑開人（2017）『日本のありふれた心理療法』誠信書房

(7) 田嶌誠一（2000）「壺イメージ法の健常者への適用」『心理臨床学研究』第18巻第1号

コラム1　こころのモデル

ジグムント・フロイト

フロイトは、無意識というものを想定し、こころを意識、前意識、無意識に分けて考えました。やがてフロイトは自我（ego）、超自我（super ego）、エス（es）という言葉を用いて、こころの構造を想定するに至ります。（図1：フロイトの構造論。フロイトの作図による。）

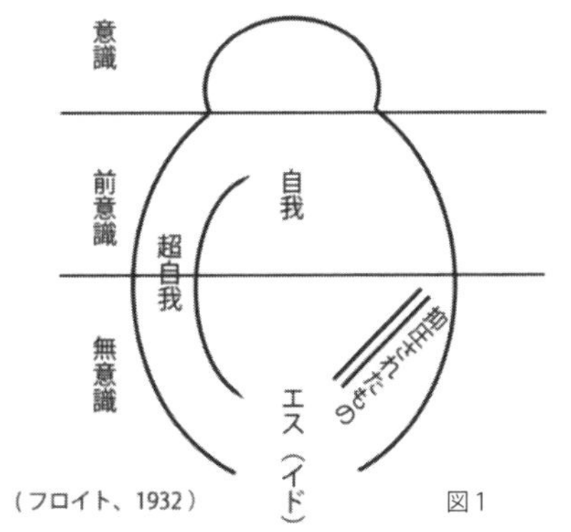

図1

フロイトは、超自我を両親から受け継いだ判断基準、エスを本能的な欲求としました。そして自我は、自分をとりまく外の世界からの要求、エスの欲求、超自我の価値判断、これら三つのバランスをとるように働く、と考えたのです。三つの間でバランスをとろうとすることから、自我はしばしば葛藤を起こします。

会話レベルで自我という「自我を主張する」はこの場合「自分の我を主張する」、つまりその人の意見である「我」を主張する、となります。一方で心理学で自我と言う場合は、フロイトがこころの構造を説明するのに想定した自我を指していると思って良いでしょう。

フロイトの説は、こころの機能の説明には強い面を持っています。

一方、日本に分析心理学を紹介した河合隼雄（1928-2007）は、こころの成長というものについて、分析心理学に基づいて分かりやすく説明しています。河合の意見に偏るのを承知で、いくつか引用します。なお、分析心理学はユング心理学とも言い、スイスのカール・グスタフ・ユング（Carl Gustav Jung,1875-1961）の考えが元になって発展しました。ユングの説については後述します。

人間は生まれたときにはいまだ「私」という意識をもたない。そもそも意識ということ自体、存在するかどうか怪しいものである。赤ちゃんは母親の胸に抱かれ、自と他、外界と内界の区別さえ明確にできない状態で存在している。それが内界からの空腹・排便などによる刺激、外界からの母乳などによる刺激を通じて、新生児は意識をもちはじめる[1)]。

意識を持つようになった乳児は、成長するにつれ自他の区別がつくようになり、自分というものを持つようになります。それでもまだしばらくは、受け身で世話されることが続きますが、やがて、『受け身なままでいたくない』気持ちが起こります。その気持ちを表明するようになるのが3歳ころです。これを「第1反抗期」または「いやいや期」と言いますが、このころ自我はしっかりとその成長を始めています。河合は次のように言っています。

ここで大切なことは、自我はその形成過程において、それをとりまく文化や社会の影響を受けるということと、自我はあくまで完結していない常に変化の可能性をもった存在であるということである。自我はある程度の統合性と主体性をそなえた存在ではあるが、それは完全ということはない。

ここまでで、こころについて、特に自我について、イメージできたでしょうか。自我は変化・成長していくものです。また、文化や社会の影響を受ける、という点も重要です。

カール・グスタフ・ユング

ところで、分析心理学の祖であるユングは、無意識にも機能があることを見出しました。そして、独自のこころのモデルを構築し、こころの中心である自己の働きを想定しています。

補償する関係　図2

ユングは神経症者の治療をしているうちに、個人の無意識はその人の意識的な自我の在り方を補償するような働きがあるのを認めました。

ユングは意識と無意識とは相補的に働き、人間の心はその両者を含むものとしてひとつの全体性をもつと考えました（図２：巴）。このような考えをもちはじめた頃、彼はヴィルヘルムの訳によって、中国の『太乙金華宗旨（たいいつきんかしゅうし）』を読み、それにヒントを得て、意識も無意識も含めた心の中心としての「自己」という概念を仮定するようになります。（図3：河合隼雄が描いた、ユングの考察によるこころのモデル）

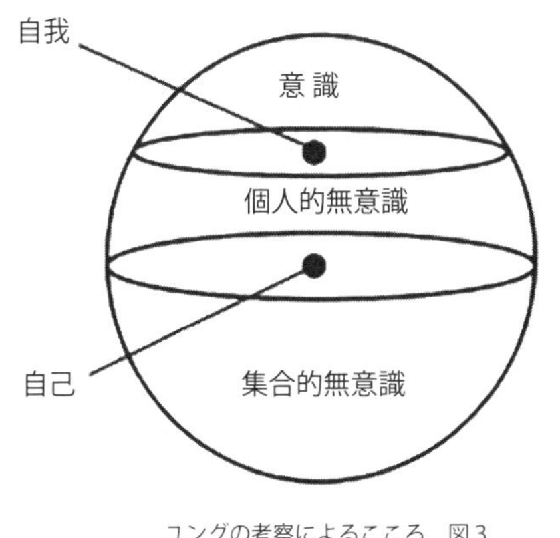

ユングの考察によるこころ　図3

ユングによると、こころの中心である自己もまた変化・成長していきます。ユングは自己を育むことが人生の目標だと言っています。

フロイトが個人的な無意識のみを想定していたのに対し、ユングは個人的な無意識に加え、それを超えた集合的無意識（普遍的無意識）を想定しました。

【参考・引用文献】

⑴　河合隼雄（1976）『母性社会日本の病理』中央公論社

第２章　森田療法

Morita Therapy

森田療法のなりたち[1,2]

森田療法は森田正馬（1874-1938）が創始した。

森田は高知県の出身である。幼い時から手のかからない、賢い子どもで、村の小学校では好成績をおさめたという。母からは溺愛され、一方、教師であった父からは非常に厳しくしつけられた。

青年期、父への反抗心から他家に養子に入ろうとするが、将来の学費を出してもらうことを父に約束させ、家に戻り、従妹と結婚している。1898（明治31）年に東京帝国大学医科大学へ入学、父の反対を押し切って精神医療を選び、学んだ。卒業後は、呉秀三（1865-1932）の門下として精神科医の臨床を始めた。森田はとても研究心が旺盛であった。

当時は、神経症は過敏な体質や中枢神経系の障がいが原因で起こると考えられていた。しかし森田は、催眠療法で神経症の治療を試みるうち、患者の中に「生の欲望」（建設的な精神的エネルギー）を感じた。そして、神経質の症状が心因性であると見抜いた。

森田は1910（明治43）年の後半ごろから、神経症に対する精神療法的アプローチを始めたと言われている。ドイツ医学の考え方を早くから採用していた彼は、神経症をヒステリーと神経質に分け、催眠療法をはじめさまざまな治療法の効き目をためすことも続けた。1915（大正4）年には、パニック障がい（不安神経症）を一度の診察で治している。

1919（大正8）年、46歳の時に自宅で患者を治療して好成績を収め、同年に「神経質の本態と療法」という題の論文を世に出している。52歳、1926（大正15）年には通信治療例を報告した。55歳には形外会（1929-1937）という、退院した者と入院患者が集う会（自助グループ）を始めた。

森田亡き後、特に第２次大戦後になって、森田療法に対する関心が全国的に広まった。1970年代以降は一般のメンタルヘルスや教育の分野で応用されるようになった。日本森田療法学会の設立は1983（昭和58）年である。学会の機関誌「日本森田療法学会雑誌」は1990（平成2）年以来、年２回発行している。

森田療法の病理モデル

森田は神経症を発症する基盤としての精神的な素質を「ヒポコンデリー基調」と呼んだ。ヒポコンデリーとは、誰にでも起こり得る身体感覚にとらわれて、病的だ、異質だと恐れる状態を指している。

身体感覚へのとらわれは健康な人にもみられる傾向である。森田は、神経症は健康体の延長上にある、と考えた。神経症状を異常・正常と対比させて考えたりせず、あるがままに生きる（自然）か、症状にあらがってとらわれて生きる（反自然）か、に分けて考えた。

なんらかの誘因（きっかけ）で注意を自分の身体的あるいは精神的変化にむけるようになり、注意が集中すると、その感覚はますます鋭敏になり、それとともに注意がますますその方に固着する。このように、感覚と注意が交互に作用しあい、症状を発展固定させることを、「精神交互作用」と森田は呼んだ。

発病に最も重要な因子は「ヒポコンデリー性基調」であり、症状の発展に重要な役割を果たすのが、「精神交互作用」だ、ということになる。ここまでの症状の成り立ちを、森田は「一次的過程」と言う。そして二次過程、三次過程というように、症状が病理として発展していくとした。

また、症状は病理だけで成立するのではない。本来は健康的な力であるべき、状況を良くしたいエネルギーが、間違えて使われるために、症状が大きくなっていくのだ。

森田療法はもちろん、適応不安、予期恐怖、無力感（死の恐怖）といった負の面を扱う。しかし、それだけではない。自分が置かれた状況を変えたい気持ち、活動したい欲望（生の力）といった正の面にも注目する。

症状ではなく、問題は心的エネルギーの使い方にある。症状をとろうとするのではなく、使い方を間違えているその人の力を、森田療法は、適切な方向へ向かわせようとするのである。それにはまず、その人が症状と直面することが必要になる。

入院森田療法

外来から治療を展開した森田だったが、やがて治療のための環境調整に、入院という方法をとるようになった。これを入院森田療法という

全治療期間は40日とされるが、2～3か月かける病院が多い。以下のように第1期から第4期まであるが、実際の期間は症状の状態によって変化する。

第1期　4日から1週間の絶対臥辱期。患者は個室に隔離され、食事と排便以外はほとんど布団に横になって過ごす。面会や読書、喫煙などのすべてが禁止される。安静に横になることで心身の疲労を鎮める。また、不安を回避するのでなく、不安と直面する。そして、思い煩うことから脱する。

第2期　3日から1週間程度の起床。臥辱時間は7～8時間にし、昼間は必ず外に出て日光を浴びる。引き続き隔離である。

第3期　1週間前後の作業期。大工仕事や庭造りなどのやや重い作業をする期間。読書は平易な教科書を選ぶように指導される。作業に没頭し、思い煩うことをしない。目的に向かってとにかく行動することを体得する。

第4期　1～2週間の生活訓練。複雑な実生活を行う。必要に応じた外出、あるいは通学や通勤をすることもある。

治療者の態度は基本的に、症状(気分)は“あるがまま”に受け入れ、やるべきことを目的本位・行動本位に実行させる、ということにある。不安は病理などではなく、不安に対しても、また欲求に対しても、森田はあるがまま、人間の自然な感情なのだとした。

入院治療にむけて自宅を開放し、患者たちに家族的にかかわり、森田の妻

もそれを献身的に手伝った。森田の入院治療を受けた患者の記録では、森田は症状について語ることは一切なかったという。ただ作業への没頭が足りないといろいろ注意することがあり、そういう時、その場はかなりの緊張感が漂っていたのだという。

外来森田療法

森田は、入院治療を行うまで、外来で患者をみていた。そこでは日記が用いられた。森田は日記を「これにより患者の精神的の状態を知る（ため）の頼りとする」と、患者の生活や内面を知る手掛かりとした。

今日の森田療法はかつての入院から、外来にその比重を移している。そこではクライエントが毎晩したためた日記を持参し、面接が重ねられていく。書くという行為は、人がものごとを客観的に観察することを助ける。よって、クライエントが自分で自分を知るツールにもなる。日記は2冊用い、診察であれば医師と、心理面接であればセラピストと交換する。

クライエントには就寝前の30分強を記録にあててもらう。書く量についてあえて指示せず、どの程度書くことができるかで、治療する側は鑑別の手がかりとする。ノートの左に余白を残すように伝えておき、その部分に、クライエントが用いたものとは異なる色の筆記用具でコメントを記入する。

診察、あるいは面接のときの話し合い、ノートへのコメントの際のポイントは、クライエントが本当はどうしたいのか、どうありたいのかという生の欲望を活用することである。そして、クライエントが自分の感情とどのように向き合うかを問いかける。

森田療法の考え方と展開

クライエントは『かくあるべし』と、理想とする何かを思い描いている。一方でありのままの自分、つまり現実がある。神経症の発生を別の視点から表現すると、この現実から理想へ一歩一歩積み上げていくことができないために、クライエントは発症する、のだとも言える。

発症してしまう人は、低い目標から無理せずに理想まで積み上げていくプロセスを歩む、ということがうまくできないのだ。よって、治療者はクライエントの中にそのプロセスを培うことをサポートする、と言ってもよい。

そのためには丁寧に症状を読み解く。例えば、一口に‘こだわり’といっても、内容は多様である。何をこだわっているのか、ということを読み解くうちに、いったいそのクライエントは何に対して不安を抱いているのか、が見えてきたりする。

不安ということは、何かを避けたいのかもしれない。それはなぜか。一体何を守ろうとしているのか。それを守ることはどういった欲望に根差しているのか。一緒に分析するのだ。欲望とは、森田の言う「生への欲望」、プラスのエネルギーである。

また、不安は取り除こうとすると、かえって大きくなることも体験してもらう。かわりに不安を受容させる。その人ができる行動を見つけ、コンパクトな言葉で伝え、できる行動を増やすように働きかける。

以上が森田療法の考え方である。

こうして、森田療法が終末医療に適用されたのが「生きがい療法」である。非行少年らに対する「建設的な生き方」も森田療法に端を発している。森田療法はさらにうつ病、統合失調症、アルコール症その他の精神疾患にも、適用範囲を広げてきている。

事例の紹介

強迫確認行動が再燃したＡ氏の事例。日記を用いない、外来森田療法による。

Ａ氏は４人兄弟の長男で、弟たちにはもちろんのこと、周囲の人に対してもその世話をよく焼いた。成長してＡ氏はレントゲン技師に、３人の弟たちもそれぞれ医療に関係する資格をとり、就職した。

ある日Ａ氏の職場で医療ミスが起きた。Ａ氏は当事者ではなかったものの、『自分も同様のミスをしたらどうしよう』と考え、気が付くと強迫的に確認行為を行っていた。その時は、親身になって聞いてくれる先輩技師がおり、何度か相談するうちに症状がなくなった。

数年してＡ氏は別の病院に転勤した。そこは、技師たちと医師の間に一種の確執があり、Ａ氏も巻き込まれてしまう。元来まじめなＡ氏はいくつかの案件を背負い込み、責任を感じるようになる。そんな中、見合い結婚するが、妻との生活に神経を使ううち、確認行動が再燃した。Ａ氏は精神科を受診した。

医師は強迫行為に対する薬物療法を開始し、どのような生活を望むのか、ゆっくりと話し合いを重ねた。Ａ氏は出勤時に家中のコンセントを確認することを妻に強要しており、巻き込みの状況が明らかになった。医師は巻き込み行動はやめるように指示した。そして、確認行為をしたあとの気持ちをみつめ、味わうように伝えた。

Ａ氏は何か気になることがあっても、あきらめて次の行動ができるようになった。また、職場の人たちとの関わりで起こる怒りや恨みも味わうようにしたところ、過度に感情が長引くことがなくなってきた。さらに「なんでもまじめに背負い込んでしまう自分」に気づくようになった。

そして「確認行為は、よりよく生きたい気持ちから起こるのだ。私は不全感を埋めたいのだと思う。だから今は、確認行為をしたくなったら、ああ、自分は頑張りすぎているのだなと考えるようにしている。」などの気づきを語るようになった。

治療開始後３年が経過し、Ａ氏は、人生全体を振り返るようになっている。症状が出てきたら、ただ感じればいい、というのも身についてきている。

森田療法の学び方

日本森田療法学会は、森田療法を指導できる資格として、日本森田療法学会認定医、日本森田療法学会認定心理療法士、そして日本森田療法学会認定指導員という３つを設けている。認定医と認定心理士はそれぞれ、医師、臨床心理士または公認心理師の資格を持っていることが前提である。

認定指導員は、

1．森田療法に関心を持つ一般成人で、優れた人格と見識を備えていること。
2．申請時において引き続き3年以上森田療法学会会員であること。
3．日本森田療法学会が認定する研修会への参加3回以上。
4．日本森田療法学会に3回以上の出席経験があること。
5．「生活の発見会」、「建設的な生き方」、「生きがい療法」、そのほか森田療法学会が認めた組織・団体で３年以上の指導的活動経験があること。

以上５つをすべて満たすことが必要とされている。これらの内容は、日本森田療法学会のホームページに詳しく書かれている。

また、心理療法を学ぶときは、学ぶ前、まだ知識を持たない時にその心理療法を体験してみるのも良い。森田療法を体験する方法があるとすれば、まずは日記である。その日記を持参して通うことができる、森田療法を行っているカウンセリングルームが見つかると、なお良いだろう。

【引用・参考文献】

⑴ 北西憲二、中村敬（2005）『森田療法』心理療法プリマーズ　ミネルヴァ書房

⑵ 大原浩一、大原健士郎(1994)「森田療法」『目で見る精神医学シリーズ』世界保健通信社

コラム2　日本人のこころと西洋人のこころ

フロイトやユングによるこころの構造図は、そもそも西洋の文化の中で想定され、生まれたものでした。それらを、東洋文化の中で生きる私たち日本人に、そのまま当てはめて支障は無いのでしょうか。河合は、特に自我機能に関して疑問の声を上げています。

西洋人の自我は確かに、そのようにしてつくりあげられている。しかし、日本人の自我もはたしてそうであろうか。その点を十分に検討しなければならない。日本人の自我は西洋人から見れば、存在しているかどうか不明とさえ感じられるらしい。

河合は、スイスでユング派分析家の資格を得ました。資格取得には、現地でクライエントを持って、分析の経験を積むことが必須の条件です。スイスと日本、両国での臨床経験から河合は、西洋と日本の自我のあり方の違いを強く感じたのではないでしょうか。

西洋人のこころと日本人のこころは、その構造が異なる、と河合は感じました。これは第1章でみてきたように、その背景にあって自我に影響を与える文化そのものに、差異があることにも由来します。

ここで、河合の描いた、日本人の自我と西洋人の自我の図を見てみましょう。（図4）

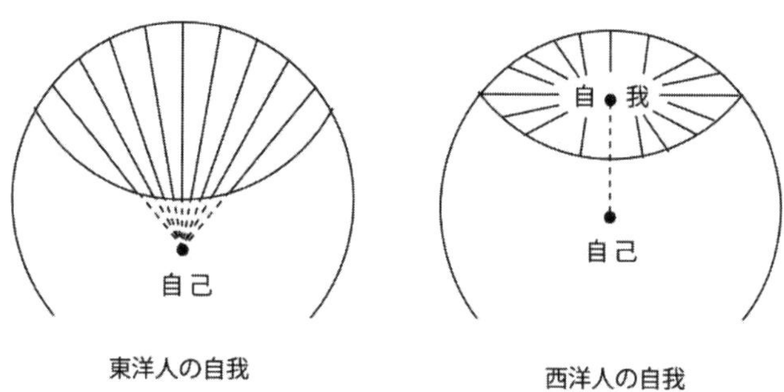

これらの図について、河合は次のように解説しています。

西洋人の場合は、意識の中心に自我が存在しそれによって統合性を持つが、それが心の底にある自己とつながりをもつ。これに対して、日本人の方は、意識と無意識の境界も定かではなく、意識の構造も、むしろ無意識内に存在する自己を中心として形成されるので、それ自身、中心をもつかどうかも疑わしいと考えるのである[1)]。

西洋人はひとりひとりの人間が自我という主体を意識的に確立していることが特徴的である。彼らははっきりと自分を主張するが、それに伴う個人の責任と言う点で、われわれよりはるかに厳しい態度を持っている。

と、河合は言っています。

【参考・引用文献】

⑴　河合隼雄（1976）『母性社会日本の病理』中央公論社

資料1

公開講座「シリーズ　日本的心理療法研究」

京都文教大学人間学研究所と同大学臨床心理学部の共催で、「シリーズ日本的心理療法研究」という公開講座が開催された。2010年6月の生活臨床と臨床動作法の回を皮切りに、公開講座は2013年1月まで続けられた。講座終了後、講師たちが執筆した原稿や対談の様子がまとめられ、4冊の書籍になった。それが「日本の心理療法（思想編・自我編・国際比較編・身体編)」(新曜社）である。

研究所教授の秋田による、公開講座開催のあいさつ文には次のようにある。

この数十年間、先達たちの一方ならぬご尽力によって、日本の臨床心理学は大いに発展してきた。しかし当然のことながらまだまだ課題も山積みの状態である。その一つに、臨床心理学教育において、「日本的心理療法」に対する目配りが著しく欠如している現状がある。教えられているものは殆どが西洋由来の心理療法ばかりである。この状況はなんとしてでも打破されなければならない。日本にも優れた心理療法が実に豊富に存在する。生粋の日本生まれのものもあれば、生まれは西洋だが、日本で育ったと言えるものもある。

西洋一辺倒とも言えるほどの教育研究環境に変革をもたらす意図と熱意を込めて平成22年、23年の2か年にわたり、人間学研究所、臨床心理学部の共催で、シリーズ公開講座『日本的心理療法研究』が始まる。

秋田は、西洋の心理療法と日本の心理療法の最も大きな違いを、前者は症状に焦点を当て、後者は人間精神の本質に迫ろうとするところ、と指摘する。

症状は症状として大事にされなければならない。そして、その症状と共にある人間精神あるいは人間存在そのものへの、探求心と畏怖の念と共に、日本の心理療法は行われなければならない。

次頁からは書籍の目次を紹介する。本文のみならず、序文や索引に至るまで、余すところなく魅力が満載である。

公開講座風景

「日本の心理療法」　新曜社

思想編―日本生まれの三大心理療法

秋田巌編

第１章　サイコセラピーとしての内観　真栄城輝明

第２章　解説　生活臨床　井上新平

第３章　森田療法―日本の思想との関連から　北西憲二

思想編―ディスカッション

自我編―非・西欧的〈わたくし〉をめぐって

秋田巌・小川佳世子編

第１章　能の〈わたくし〉をめぐって　小川佳世子

第２章　仏教の存在論と日本的自分認識　手嶋英貴

第３章　ポーランドと非・西欧をめぐって―視覚芸術を中心に　加須屋明子

第４章　和太鼓演奏における「私性」―非我と無我を経て：息的主体とその在り方　清原友香奈

自我編―ディスカッション

終章　水の我　秋田巖

国際比較編―風土・物語・局所性

秋田巖・名取琢自編

第１章　分析心理学における東洋と西洋の出会い―国際的な視点から　ポール・クーグラー

第２章　心理療法における「美的なもの」について　樋口和彦

第３章　日英「暮らしの文化」比較―心理臨床家の一考察　佐山菫子

第４章　歎異抄、昔話、近代文学、そして分析　ウルスラ・ヴァイス

第５章　日本体験の再発見―海外の心理臨床家との出会いを通して　名取琢自

第６章　国際的に見た日本の心理療法―2011.9.23会議によせて　シェリー・蓮夢・シェパード

第７章　西洋のサイコセラピーと東洋の心性―認知行動療法の歴史的変遷を通して考える　遊佐安一郎

第８章　日本的風土と精神科医療の出会い　吉村夕里

身体編―わたしの自然をもとめて

秋田巖編

第１章　臨床動作法と日本的心理療法　鶴　光代

第２章　和太鼓演奏における身体の体験―皮膚感覚・運動感覚・深部感覚の心理臨床学的有用性　清原友香奈

第３章　歩き遍路の身体性―心理臨床への道程　北村香織

第４章　気と身体―気のせいか、気のおかげか　濱野清志

身体編―ディスカッション

第3章　生活臨床

Clinical Guidance in Way of Life

生活臨床は統合失調症が対象

生活臨床は統合失調症を対象とする、長期的な治療計画である。そのため、統合失調症がどのような病か抑えておく必要がある。また、長期的な治療計画を編むことが必要となった背景を理解するために、日本の精神科医療史に目を通しておかねばならない。

ではまず統合失調症について確認しよう。精神的な不調は、外因性・心因性・内因性というように大きく3つに分類されるが、統合失調症は内因性に含まれる。統合失調症は、以前は精神分裂病と呼ばれていたが、2002（平成14）年から名称が改められている。

統合失調症の治療手段の、第1選択肢は投薬であり、脳の不調に起因するとわかってきている。発病のメカニズムや根本的な原因について、未だに解明されていない。

成人の生涯有病率は0.1から1.8％と言われている。100人に1人が発病の可能性を持つ。統合失調症は、決して珍しい病気とは言えない。

臺　弘（医学書院より）

統合失調症とは、ひと口に言って、どのような病気だろうか。臺弘（うてな）（1913-2014）は、現実離れすることもある脳の病気であり、裏を返せば、現実離れしないときの方がはるかに多い病気だと述べている[1]。

現実離れという言葉も確かに言い得ているが、より一般的な表現として、厚生労働省のウェブサイトにある説明文を引用しよう[2]。

統合失調症は、こころや考えがまとまりづらくなってしまう病気です。そのため気分や行動、人間関係などに影響が出てきます。統合失調症には、健康なときにはなかった状態が表れる陽性症状と、健康なときにあったものが失われる陰性症状があります。

陽性症状の典型は、幻覚と妄想です。幻覚の中でも、周りの人には聞こえない声が聞こえる幻聴が多くみられます。陰性症状は、意欲の低下、感情表現が少なくなる、などがあります。

周囲から見ると、独り言を言っている、実際はないのに悪口を言われたなどの被害を訴える、話がまとまらず支離滅裂になる、人と関わらず一人でいることが多いなどのサインとして表れます。早く治療を始めるほど、回復も早いといわれています。

上記のごとく、陽性症状、陰性症状は異なった観点から述べられている。陽性症状の問題は主として、今までなかったものが現れた点、つまり症状の観点から取り扱われている。これに対して陰性症状は、いままであった機能が失われる点、つまり機能障がいの面から問題とされることが多いからである。

精神面の不調は、本人にとっても、また周囲の人からも分かりづらいことが多いが、統合失調症は、本人が病識（自分が病気であるという意識理解）を持ちにくく、かえって周囲の人の方がより早く気づく場合も多い。薬物治療を始めることが発症から早ければ早いほど、回復も早い。重要なのは、再発を防ぐこと、投薬その他の環境を調整し続けることである。

引き続き、厚生労働省のウェブサイトから引用する。

治療によって急性期の激しい症状が治まると、その後は回復期となり、徐々に長期安定にいたるというのが一般的な経過です。なかにはまったく症状が出なくなる人もいますが、症状がなくなったからといって自分だけの判断で薬をやめてしまうと、しばらくして再発してしまうことも多いので注意が必要です。主治医と相談することが大切です。統合失調症も糖尿病や高血圧などの生活習慣病と同じで、症状が出ないように必要な薬を続けながら、

気長に病気を管理していくことが大切です。

本人が病識を持ちにくいにもかかわらず、服薬管理の継続が重要になってくるので、統合失調症の人が自分だけの力で健康を維持するのはかなり難しい。どうしても、社会からのサポートが必要になってくる。しかし、こういったサポートがうまく機能するようになったのは、日本では20世紀も後半に入ってのことであった。

生活臨床は、第一に統合失調症の再発を予防する。そのための長期的な治療計画である。社会の中での生活療法を中心に、薬物療法、精神療法を含めて、入院、外来、地域を通じて、生活相談による社会的予後の改善を目指すものだ。

どの国においてもたいてい、精神科医療の歴史は統合失調症の治療の歴史でもある。日本も例外ではない。そこで次に、日本の精神科医療の歴史も確認しておくことにする。

日本の精神科医療史

日本では古くから癲狂(てんきょう)院といって精神障がい者を保護し、治療する施設があった。癲狂とは漢方医学で精神疾患を指す語である。江戸時代末期から癲狂治療をする施設が多くでき初め、明治時代には、癲狂院は各種病院の一つとして認可されていった。

呉 秀三

1876（明治11）年に京都癲狂院の神戸文哉(1848-1899）が「精神病約説」というタイトルで、イギリスの精神医学者ヘンリー・モーズリー(Henry Maudsley,1835-1918）の書を訳した。1901（明治34）年には、ドイツ留学を経た呉秀三が、東京巣鴨病院（旧東京府癲狂院）院長に就任し、日本で初めてドイツ精神医学に倣った治療が開始された。このころから癲狂院は精神病院、または脳院と称するようになっていった。

1938（昭和13）年には厚生省が設置され、「国民健康保険法」が制定されている。この当時精神病院はその数165、精神科病床は24,000床を数えた。1950（昭和25）年には「精神衛生法」が交付されている。（それまでの精神病院法：1919（大正８年）年と精神病者監護法：1900（明治33）年を統合して制定された[3]。）

1952（昭和27）年にクロルプロマジン（不安や興奮を鎮める）の精神科領域における臨床成績が発表され、その有効性が認められた。トランキライゼイション（tranquilization、鎮静）、連絡の遮断あるいは排除のメカニズムによるもので、ショック療法と類似の、あるいはそれより優れた効果をもっているとされた[4]。

1957(昭和32)年には国際神経精神薬理学会（CINP）が設立された。1959(昭和34)年には三環系抗うつ薬が日本で認可されている。

1950年代から1960年代にかけて、自律神経遮断剤（CPZなど）に対する問題が顕在化する。錐体外路神経症状（パーキンソニズム、アカシジア等）などの副作用を抑制するため、抗パーキンソン薬を併用して処方するということが慣習化した。このため、抗精神薬の導入によって入院患者は増加、病院の建設が多発した[2]。

以上のように、統合失調症者は日本社会の中で隔離、保護されて、対症療法としての投薬治療が行われてきた。施設の発展や社会での位置づけ、薬そのものの発展に左右されてきた。症状についての理解や薬の開発が、対症療法にとって重要であった。

生活臨床のなりたち

生活臨床は、統合失調症の再発予防の対策として生み出され、発展した。1957（昭和32）年、臺弘が自宅で発想を得たとも言われる。が一般的には、1958（昭和33）年以降、群馬大学精神医学教室のメンバーを中心に生まれ、展開していったとされている。

臺は、1957年に群馬大病院へ赴任した。当時の群馬大病院は完全に閉鎖病棟であった。臺は自宅で、発症後間もない患者たちのケアを充実させようと思い立ち、赴任してきた江熊要一の協力のもと、3年かけて鉄格子を排除、1961年から全面開放病棟にした。患者が入院によって心理的にダメージを受けないように、という配慮である。このことが発症後のケアにとって重要だったからである[1]。

生活臨床の登場は、生活療法と薬物療法が主流であった当時の精神病院の状況を、一変させたという。治療の場は精神病院から、退院者の地域での生活相談の場へと広がっていった。

江熊は、生活臨床の5原則として、統合失調症者と接するときは「具体的に、断定的に、繰り返し、時期を逃さず、余計なことを言わない」をスローガンとして挙げていたという。症状に関してあまり問わないことが特徴でもある。江熊の面接技術は一種のカリスマ性を帯びていたといい、若い医師たちのあこがれであったという。江熊は、退院した統合失調症者の生活場面を観察し、生活のスタイルを能動型と受動型に分類した。

能動型は、現在の生活に満足せず、生活の拡大や変化を目指して積極的に活動する。しかし、変化を求めて行動することで、一時的には適応力もあるが、生活破綻を起こしやすい。

受動型の人は、より統合失調症的で（自閉・自発性減退・無関心）、現状に不満を示さず、その気持ちを聞き出すことも難しく、他人任せである。

よって、受動型に対しては環境調整による負担軽減の指導を行い、能動型には個人面接を重ねることで経験の蓄積と活用を促す、というように指導の方向性を分けた。これらの指導を受けるうちに、患者本人が自分の個性を認識して、対処能力が高まっていくことを目標とした。

生活臨床は、方針が実際的で、心理解釈も常識的で、治療の見通しを立てやすいなどの理由から、保健師たちによる地域精神衛生活動に大きく寄与することになった。また、

- **生活概念を精神科医療に意図的に導入した**
- **生活経験の学習を強調して自己発見の啓発を促した**

この2点は、日本的実学の伝統に沿ったものであったと、臺は述べている[5)]。

その後、生活臨床は患者の病状や時期、社会的状況により、個体的要素（薬物と認知・行動療法)、社会的要素（リハビリテーションと福祉活動）のどちらに重点を置くかを使い分けて用いられるようになっていった。

臺とともに生活臨床に携わった井上新平（1947-）は、患者が何を目指そうとしているかという中身を扱う[6)]。

患者は、特定のジャンルの価値意識を持ち続け、それが阻まれる（阻まれそうになる）ときに再発・症状悪化を来す

とし、統合失調症者の生活特徴を、次の3つに要約している。

① **名目、世間体、評価に拘泥し敏感**
② **目先の利にとらわれて、短絡行動を起こしやすい**
③ **課題に直面すると、選択を放棄するか、行動の統御を喪失して混乱しやすい**

②では、患者は課題に対したとき、一定の必要な順序を踏まず、段階を飛び越えて課題を達成しようとするように見える。また③では、逆に課題解決の適切な方法がわからないままに現実から逃避するように見える。これらは、今日では統合失調症の認知機能障がいとして理解でき、社会生活技能訓練等の心理社会的治療の恰好の対象になる行動パターンである。

最終的に生活特徴は「名誉」、「金銭」、「愛情」、「健康」の中の一つのジャンルについての価値意識に偏るということがだんだんわかってきた。生活特徴は、患者の価値意識と関わり、症状が再発するテーマでもあり、患者の生きがいとも深くかかわる、としている。

事例と、生活臨床的理解

次に、生活類型が能動型で、生活特徴は「愛情」に分類される事例を、井上の解説文とともに引用する[4)]。

事例　　女性　パートタイマー

〈生活類型〉能動型

17歳に被害妄想で発病、26歳までに5回の入院をしており、2回の見合いをしている。27歳、妹の結婚が決まる。本人も工員と見合いをする。病気のことを話したが相手から望まれて結婚する。本人の理想の男性は、背が高くハンサムな医師で、自分を待っていてくれる、妄想による実在しない「幻の恋人」である。だから、夫についても「背が低くて鈍感で、好きなタイプではない」が、「もう歳だし、妹も嫁いだ」ので結婚したという。29歳で妊娠するが、それ以来、夫および夫の係累に対する不満が表面化するとともに幻聴が出現し、別れたいと訴え始めた。子どもは結局、死産であった。その後、ことに性生活での不満が強く「要求が多すぎる」「感じない」と訴え、一事が万事で夫の何もかもが嫌だと言い始めた。一年たち、本人も多少、あきらめ始めた頃（30歳)、夫は交通事故で急死し、結婚生活は終わりをつげた。

解説

このような理想化された相手は、実際にかつて何らかの接触を持った人である場合がある。遠い親戚であったり、クラブの先輩であったりだが、実際に親しく付き合ったことはなく憧れ程度で終わっていた存在である。また、症例のように空想から妄想へと発展しているようなケースもある。妄想の場合でもまったくの作り話ではなく何らかの現実的背景があることが多いようである。それは恋愛の延長のようであり、自身の物語の続きのようでもある。いずれにしても理念的な色彩が強い。

理想的な相手との結婚は結婚の実現がまずは問題で、それが達成されれば目的はほぼ完了されたように見えるかもしれない。理想化された配偶者の存在は、現実の配偶者との関係が悪くなったり、症状の悪化がみられたりすると、それと連動するように「幻の恋人」という形で出てくる。大変厄介な存在である。

総じて、このような場合の結婚生活への期待は漠然としている。また常に現状の生活に不満で離婚に進むかと言うと必ずしもそうでもない。幸せな結婚生活のイメージが持てず、状況に流されやすいとも言える。時間とともに症例のようにあきらめるようになっていく場合も多いのではないだろうか。そしてあきらめるということは、それなりに現実を受け入れることであり、折り合いの付く生活があるのである。

結婚生活への期待と言う点では、独身時代のほうが高く、好ましい配偶者へのイメージも強い。好ましい配偶者というものが必ずといっていいほどに存在し、現実に出会う異性と対比して感情が動く。異性を生活特徴とする患者は、好きなタイプからふられると症状が悪化するが、それほどでもない人からふられてもさほどの悪化はみない。この点は統合失調症だから特別なわけではなく、誰しも共通の感情の動きであろう。ただ患者は落胆では済まず、生活の破綻に至るのである。

統合失調症になる人は繊細で、周囲から影響を受けやすく、流されやすいことが多い。周囲からすれば、言うことを聞いてくれやすい、純粋な、優しい人、と受け取られる傾向もあるように思う。また、知的に高い人もいて、ある偏った分野に関して知識が豊富だったりする。時には付き合いにくい人もいるが、統合失調症の人の中には、やさしい、あるいは人を引き付ける力がある人物も多い。

【参考・引用文献】

⑴　臺弘（1991）「分裂病の治療覚書」 創造出版
⑵　厚生労働省 知ることからはじめようみんなのメンタルヘルスこころの病気を知る統合失調症
https://www.mhlw.go.jp/kokoro/know/disease_into.html
⑶　日本の精神薬物療法史　http://www.arsvi.com/d/d07h1.htm
⑷　石坂哲夫（1994）「やさしいくすりの歴史」南山堂
⑸　臺弘（2001）「生活臨床」『精神医学事典』加藤正明ら　弘文堂
⑹　井上新平（2014）「解説　生活臨床」『日本の心理療法　思想編』新曜社
⑺　丹羽真一（2015）「臺弘先生を悼む」『Brain and Nerve』67（1）医学書院

コラム3　日本人の自我モデル

コラム1では、精神分析学の祖であるフロイトと、その元弟子で、分析心理学の祖であるユングが考えたこころのモデルを紹介しました。日本の心理学の多くは明治以降、西洋のこころのモデルを取り入れてきました。

東洋人の自我は西洋人のそれと違うのではないか、と主張したのが河合隼雄でした。河合が学んだ、スイスのユング心理学研究所を後年修了し、日本の臨床心理学に力を注いできた二人の精神科医（ともにユング派分析家）と、その主張する自我モデルをここに紹介します。

秋田巌は「近代西洋的自我という言い方はごく一般的であり、それに疑いをさしはさむ心理医学的視点を寡聞にして知らない。自我＝近代西洋的自我という認識が固定しすぎている」と述べ、「水の我」というものを提案しています。詳しくは『日本の心理療法　自我編』（新曜社）を参照してください。

老松克博（1959-）は、その著『漂白する自我-日本的意識のフィールドワーク』（新曜社）で、「フロイトが対象とした西洋人の自我の典型的在り方が中心－定住であった」とし、意識をフィールドとして見て日本人の自我を考えた時「このフィールドのなかとその周辺を一所不在に移動し続けるような「漂泊する自我」というものを仮定することができる」としています。

両者とも「水」、「漂う」という、流動的なイメージをつかんでいます。興味深いと思いませんか。

第4章　内観療法

Naikan Therapy

内観療法の成り立ち

内観療法とは、内観3項目（「お世話になったこと」「して返したこと」「ご迷惑をかけたこと」：後で説明する）にそって過去の他人に対する自分を年代ごとに調べ、気づきを得る日本生まれの心理療法である。内観療法のもととなった内観法は、吉本伊信（1916-1988）が浄土真宗の修行法である「見調べ」をヒントに創始した。

吉本 伊信

吉本伊信の内観法は、単に内観とも言い、自己探求法、自己啓発法として用いられていた。内観法は、1954（昭和29）年ごろから矯正教育に導入された。また、用いられるうちに精神的症状への効力が認められ、1965（昭和40）年からは医学や心理学に導入され、心理療法として活用されるようになった。心理療法としての内観が、内観療法である。

先も述べたように、内観法は、吉本伊信が創始した。吉本は、奈良県大和郡山市に生まれた。少年時代から学業は優秀だった。また落語も上手く、小学校時代に講堂で落語をして、拍手喝さいを浴びたという話が残っている[1]。

吉本の母は、浄土真宗を信仰していた。その影響を受けて、吉本も青年時代から浄土真宗を熱心に信仰した。しかし伯父から「あなたの信仰は知的な理解にすぎない」と言われたことがきっかけで、体験に根差した信仰を求めるようになった。

浄土真宗の一派では「身調べ」という修業がある。「身調べ」とは断食、断眠で一室にこもり、自分がいかに罪深いか、いかに生かされているか、を体験するまで何日でもこれを続けるという、厳しいものだった。

吉本は1937（昭和12）年に結婚、同年に「身調べ」を行い「懺悔の極みが感謝の極みにつながる」、自己存在をも揺るがすような深い体験を味わった[2)]。そして『これを多くの人に経験していただこう』とこころに決めた。だが、まずその前に、実業界で一人前になることが大切だと考え、親戚が経営するレザークロスの会社に入り、社長にまで上り詰め、会社を繁栄させた。

1953（昭和28）年に社長を引退し、郷里の大和郡山に帰り、自宅を内観道場（現在の大和内観研修所）として開放した。「身調べ」の苦行的な要素を取り除き、宗教からは切り離し、内観法という自己探求法を確立していった。

内観療法の治療構造と作用機序

内観療法の治療構造は、内面的構造と外面的構造に分けることができる。まずは、長山恵一（1951-）による解説をここに引用する[3)]。

内観療法は精神療法の中でも治療構造度が極めて高く、構造を介して体験や洞察が深まるよう巧妙に設定されている。治療構造は外面的構造と内面的構造とに分けられる。

《集中内観の外面的構造》

外面的治療構造は、1週間（5泊6日～6泊7日）の刺激遮断の環境設定と、様式化された内観面接、食事時に流される内観テープの放送などで構成されている。

内観者は部屋の隅に屏風を立て、洗面・トイレ・風呂以外は屏風の中に座り1日15時間、内観3項目に沿って自問自答にて内省を進める。食事は屏

風の中で摂り、食事時間帯には種々のテープが参考のために放送される。内観者は1.5～2時間の1セッションの間に内省した内容を内観3項目に沿って簡潔に面接で報告する。面接は1回数分、1日に7～9回繰り返され、面接の作法や報告の仕方は儀式化されている。

《集中内観の内面的構造》

最も重要なのは内観項目とそれにかかわるシステマティックな内省手順と面接の仕方である。集中内観では、内観者が内省に集中できるように禁欲的なルールが設定されており、行動制限・刺激遮断にかかわる物理的な禁欲のほかに、他の内観者と一切会話をしない対人関係面での禁欲や、内観3項目のみを内省するという内省方法にかかわる禁欲が設定されている。

面接は最敬礼を伴う面接者の一連の作法によって始まり、面接者の問いかけは、“ただ今の時間、どなたに対する何時のご自分をお調べくださいましたでしょうか？”と毎回変わらない。内観者は、それにこたえて1セッションの間に内省した内容を内観3項目に沿って面接者に報告する。内観者は思い出したすべてを面接者に話す必要はなく、1～2のエピソードを選んで簡潔に報告する。また言いたくないことは面接でいわなくてもよい決まりになっている。

集中内観の治療構造は厳しい父性的なルールと、食事や身の廻りの「お世話」など母性的な受容のバランスの上に組み立てられている。外面的構造と内面的構造によって、面接者・内観者間の一対一の依存は排除され、心理的な侵入を回避しながら、「内観の場」全体で内観者を支え、自力での内省が深まるよう工夫がされている。

内観療法において治療者にあたるのが内観面接者である。その働きはかなり特殊と言える。内観面接者は約2時間ごとに法座（内観者が内観している場所、屏風の中）を訪れ、数分間報告（内観報告）を聞く。内観面接者は、内観が教示通りに進行するよう指導し、次のクールのテーマを確認する。また、食事や入浴の準備、朝の清掃など、内観者の身の回りの世話もする。内観面接と内観面接の間に、自身も内観することがある。

内観3項目

内観項目、内観3項目についても長山の解説を引用しよう。

（内観3項目は）内観療法の最も基本となる内省の3つのテーマと内省の様式である。母親や父親など、身近な他者に対して自分のした行為や具体的なエピソードを「してもらったこと（していただいたこと）」「して返したこと」「迷惑をかけたこと」の3つのテーマ（内観3項目）に沿って自問自答の形式で内省する。集中内観の場合、面接から面接までの1セッション（1.5～2時間）の間に内観者が内省する対象は、母なら母という特定の個人に固定され、内省の時期も数年ごとに区切られ細分化される。内省対象や時期をセッションごとに固定化することで、精神集中や焦点化が促され、内省の拡散が予防できる。同一対象に対する自分を、生まれてから現在に至るまで時系列に沿って内省し、母親が済んだら、次は父親、兄弟、配偶者といった順番に、身近な他者との関係を通して、自己を多面的に調べていく。

内観では、過去から現在までの対人関係における自分の態度を内省する。それを他者の視点を基点に行う。それはとても厳しい作業であり、意思の強さ、自我機能の強さが必要になる[4)]。内観することで自己中心性から脱出する。そして、実は他者からたくさん思いやりや愛を受けてきたのだということを自覚（被愛感）した時に、それまでのこだわり（我執）から解放される。

しかし、成育歴で深刻な問題を抱える人の中には、なかなか「してもらったこと」が想起できないことがある。それどころか、内観対象への恨みばかり思い出されて、内観に入ることができない。あるいは、内観にはなぜ「迷惑をかけられたこと」が無いのかと、不満に感じる。

そういう内観者のために、大和内観研修所では「生い立ちの記」という工夫を用意している。内観に入る前に、自分の生い立ちについて年代を区切り、思い出されるままに書き出す。「生い立ちの記」の作業によってある程度抵抗を少なくしてから、内観が導入される[5)]。

※右は吉本の書。吉本 伊信は書家でもあった。

内観療法の展開

自己探求法、自己啓発法として用いられていた内観法は、1954（昭和29）年からまず矯正教育に導入された。1965（昭和40）年からは医学や心理学に導入されて心理療法として活用され、内観療法となった。

内観の広まりと共に、日本の各地に内観研修所が建てられるようになった。内観法が内観療法として医学界でも用いられるようになると、いろいろな分野で研究対象となった。そして1978（昭和53）年には日本内観学会が設立され、第1回大会が開催された。

学会は内観の理論研究とその普及を目的としているため、プログラムには必ず内観体験者の発表が組み込まれてきた。学会誌「内観研究」は1995（平成7）年から発行されている。また日本内観医学会が1998（平成10）年に開催され、2017（平成29）年には日本内観学会と日本内観医学会の併催大会がもたれて、その後一つの学会になることが確認された。

医療の分野での内観療法の適用については、巽信夫（1943-2021）の解説をここに引用する[5)]。

自己の罪性への気づきを介し、我執からの解放を促す、内観臨床にあって、従来から、神経症（含、パニック障がい、PTSD）や心身症、アルコール症や、薬物依存等の嗜癖行動、適応障がいやうつ病遷延例、夫婦の危機、等が、経験的に選択されてきた。これらは神経症自我から、より健康な自我水準への転換を促す点で共通していよう。一方、内観の究極テーマは、自己の死を思い詰める事（無常観の感得）にあり、それだけに、その本質において死との向き合い（生の質的転換）を布置とする。中年危機（含、実存神経症）や、死への直面化を余儀なくされるサイコオンコロジー、およびターミナルケア等のリエゾン、コンサルテーション領域は、まさに内観本来の目的に適った活用法といえよう。

なお、内観にあって、面接者の役割は大きい。絶対傾聴を旨とし、内観作業の裏方に徹する訳であるが、このシンプルな内観面接の型のなかに、一期一会（存在と存在の対話）的な、癒し的交流のエッセンスが濃縮されている。

メンタルヘルス活動への関心が高まりつつある昨今、医療関係従事者側へ

の、内観導入（内観体験、面接者体験）も、今後の貴重な活用領域であろう。

巽も述べているが、医療従事者を始めとする、他者をケアする仕事に就く者は、まずは“己を整える”ことが必要だろう。内観は、その手段として、非常に適していると言えるのではないだろうか。

内観療法は、原理的には仏教および儒教的人間観が基盤にあり、倫理的ですぐれて日本的なものである[4]。海外でもその価値がみとめられてきている。第1回国際内観療法学会は2003（平成15）年に、第6回内観医学会と合同で開催されている。最初はヨーロッパ方面へ広がった内観療法だったが、近年は中国や韓国からの学会参加者が多い。特に中国では保険点数が内観療法に適応となるなど、内観療法が盛んに用いられている。

事例の紹介

真栄城が、内観によって認知構造が変化した例としてしばしば引用する事例を、ここに紹介する[7]。

その青年の母親は、彼を出産後、肥立ちが悪く精神的な混乱に陥ってしまい、精神病院に入院してしまった。以来、時折、外泊はするが、家に帰ってきても部屋の隅でブツブツと独り言をつぶやくだけで、朝は起きられず、朝食は父親が作った。息子にすれば、母親から世話してもらったという記憶がなかった。したがって、内観初日に面接者から提案された「母親に対する自分調べ」というテーマに抵抗をみせていた。その理由として、「死んでいればまだしも、生きてはいるがほとんど家にいたことがなく、母に抱かれた記憶もなければ、甘えた体験もない」とまで言うのである。そこで、普通は母親に対する自分について調べることから始めるのであるが、彼の場合は、父親に対する内観から始めた。父親のあとは祖父母や親せきの叔父叔母が対象となった。一通り身内が済んだので、三日目の内観は担任の先生に対する調べに入った。一年生の運動会のとき、母親は外泊して家にはいたが、人混み

が苦手だと言って運動会には来てくれなかった。父親は早朝に出張へでかけてしまった。プログラムは親子の二人三脚になっていた。級友たちが母親に手を引かれて嬉しそうに入場門に集まるのを見て、その場にいられなくなった。そして、トイレに逃げ込んだ。担任の先生が必死になって探してくれた。トイレのドアをたたく担任に「ぼくはお母さんなんかいないもん！」と泣きながら言った。すると担任の女の先生がドアを開けてやさしく抱きしめてくれた。「なに言ってるのよ、今日は先生がお母さんよ」と言って、母の代わりに一緒に走ってくれた。その場面を、屛風の中で思い出した時、どういうわけか、弁当を作ってくれた母親の姿が浮かんだのである。運動会を翌日に控えた母親は、その晩、常用している睡眠薬を服用するのを辞めた。翌日の弁当を作るために寝るわけにはいかないと思ったからである。その日は夜通し起きて息子のために手造りの弁当を作った。息子は夜中に目を覚ました時、台所に立っている母の姿を目撃したらしく、そのときの記憶がよみがえったのである。それを思い出した時、彼は「お母さんは病気だったんだ」ということにきがついた。これまでも頭では知っていたのであるが、内観して初めて実感を伴って知ることができたという。

「お母さんは精神を病んでいたにもかかわらず、運動会のために外泊してきて、僕の弁当を作ってくれた。しかも僕の好物まで知っていてくれて工夫を凝らして作ってくれていたのに、僕はそれをすっかり忘れていました」語りながら涙を浮かべた。

その時、青年の母を見る目が変わった。事実を素材にして筋立てが為されることで母親への思いに変化が生じ、生き方まで変わったのである。

内観療法の学び方

内観療法を学ぶには、集中内観を体験することが最も早道である。しかし、いきなり宿泊しての研修に入るのは、敷居が高いかもしれない。そこでまずは日本内観研修所協会所属施設から集中内観を受けてみたい施設を選び、見学を申し込んでみることをおすすめする。(資料2)

施設見学の後、集中内観を体験したとしよう。内観研修所によっては、内観体験者が集まり、つながる目的の会（例：大和内観研修所の、つながりの会）を、定期的に開催しているところがある。そういった会に参加すると、他の人の体験も聞くことができて、とても参考になる。

次に、内観学会認定内観面接士になる条件を紹介する。

認定内観面接士の場合：

1. 日本内観学会認定研修施設にて集中内観を体験した者で、内観者への共感、傾聴、面接者としての資質を備えたうえで、内観者に敬意をもち、自らも倫理的・道徳的に真に社会に貢献するための内観を探求し、日々研鑽を惜しまない姿勢を持った人物であること。
2. 日本内観学会の会員であること。
3. 日本内観学会が主催する研修会に３回以上の参加経験があること。
4. 日本内観学会大会に３回以上の参加経験があること。

このほか、日本内観学会が認定する資格には、医師の資格を持つことが前提になる認定医師と、臨床心理士または公認心理師の資格を有することが前提となる認定心理療法士がある。ともに、日本内観学会のホームページに詳しく説明がある。

【参考・引用文献】

⑴　三木善彦（1992)「吉本伊信」『心理臨床大辞典』

⑵　三木善彦（1998)「内観療法」『日本の心理療法』朱鷺書房

⑶　長山恵一（2011)「内観療法用語　総集編」内観医学13号

⑷　飯森眞喜雄（2001)「内観療法」『精神医学事典』加藤正明ら　弘文堂

⑸　鈴木康弘（2021)「実践内観面接者–内観面接者のあり方–心構えと役割」内観研究27号

⑹　巽信夫（2011)「内観療法用語　総集編」内観医学13号

⑺　真栄城輝明（2014)「サイコセラピーとしての内観」『日本の心理療法-思想編』新曜社

資料2　日本各地の内観研修所（内観研修所協会所属　以下13施設）

津軽内観研修所

代表者：阿保 周子
住　所：青森県弘前市蔵主町3番地 鳴海様方
電話番号：090-7332-2961

瞑想の森内観研修所

代表者：清水 康弘
住　所：栃木県さくら市喜連川5694
電話番号：028-686-5020
ホームページ：http://naikanhou.com/

奥武蔵内観研修所

代表者：本山 陽一
住　所：埼玉県日高市武蔵台2-20-5
電話番号：042-978-6591
ホームページ：https://naikanan.com/

静岡内観研修所

代表者：福田 等
住　所：静岡県榛原郡榛原町細江194－15
電話番号：0548-22-1149
ホームページ：http://www2.tokai.or.jp/fukuda/

大和内観研修所

代表者：真栄城 輝明
住　所：奈良県大和郡山市高田口町9-2
電話番号：0743-52-2579
ホームページ：http://naikan3.com

大和内観研究所

大阪内観研修所

代表者：榛木 美恵子

住　所：大阪府大阪市東成区大今里南６丁目14－15

電話番号：06-6975-2131

ホームページ：http://www.nona.dti.ne.jp/~omcc/

和歌山内観研修所

代表者：藤波 紘

住　所：和歌山県和歌山市冬野1045

電話番号：073-479-1871

ホームページ：http://syoukyouji.com/institute/

北陸内観研修所

代表者：長島 美稚子

住　所：富山県富山市文珠寺235

電話番号：076-483－0715

ホームページ：http://www.e-naikan.jp/

山陽内観研修所

代表者：林 孝次

住　所：広島県尾道市栗原町10978

電話番号：0848-25-3957

米子内観研修所

代表者：木村 慧心

住　所：鳥取県米子市三本松1-2-24

電話番号：0859-22-3503

蓮華院誕生寺内観研修所

代表者：川原 英照

住　所：熊本県玉名市築地2288

電話番号：0968-72-3300

ホームページ：http://www.rengein.jp/naikan/

南阿蘇内観研修所

代表者：上村芳信

住　所：熊本県阿蘇郡南阿蘇村中松2835

電話番号：0967-67-2656

宮崎内観研修所

代表者：渡邉ゆきこ

住　所：宮崎県児湯郡木城町石河内788-11【NPO法人　ふぁむふぁーむ】

電話番号：0983-39-1110

ホームページ：http://www.femme-farm.com/naikankensyujyo.html

第５章　その他の、日本独自の心理療法

Other Japanese Psychotherapies

臨床動作法（Clinical Operation Method）

【臨床動作法の成り立ち】

臨床動作法は、成瀬悟策（1924-2019）の考案による。1964（昭和39）年に成瀬は、脳性麻痺で動かない女性の腕が、催眠暗示により動いた、という報告を受けた。心的な働きかけである催眠暗示と動きの手助けだけで動いたということは、身体が動かない原因が生理的なものだけではない、ということである。また、動くはずの体を自分の思うように動かせない状況があり、それに対して催眠のような心理的サポートが有効だ、ということである。ここから、臨床動作法が始まった[1][2][3]。

治療者のサポートがあれば、脳性麻痺の子どもが、自分のからだが緊張している部分を自分でゆるめるという自己活動を経験する。その後、自分で自分のからだを動かすことになり。さらには自分のからだをまっすぐタテに立てる、自分で体の軸（自体軸、と成瀬は呼ぶ）を自由に使いこなすようになる。これらの場合に、催眠は必ずしも必要ではないことも、次第に明らかになっていった。

また、これらセッションでの体験は、その子の生活の体験の仕方をより望ましい方向へ変化させることが分かってきた。またそのように、セラピストも援助する（これを成瀬は「体験治療論」と呼ぶ）。セッションで治療者が提示する課題を、その子は実現し達成しようとする（これを「課題努力法」と呼ぶ）。

脳性麻痺の子どものための動作訓練キャンプが1967（昭和42）年に始まった。子どもたちはキャンプに参加し、訓練を続けた。すると、動かせなか

ったからだが動き、立てなかった子が立ち、歩けなかった子が自由に歩き始め、転びやすかった子が安定して歩くようになるというような訓練効果が、顕著にみられるようになった。

このように、臨床動作法ははじめ、脳性マヒの人へのリラクセーションおよび動作学習法として開発が進められた。

【臨床動作法の展開】

成瀬によると、意識に上らない緊張は、残留しやすいのだそうだ。[4)]肩こりや腰痛は、根を詰めるとたいていの人に現れる。からだの緊張感はさまざまな緊張がからみあって形成されるので、それをゆるめるには、目指す動作以外にもこまかな配慮が必要になるという。治療者はクライエントの気づかない部分に配慮し、緊張を弛めていくようにかかわる。

治療者はまずクライエントに、緊張している部位へと注意を向けさせる。その際、その部位をわかりやすく指でトントン、と触って伝える。クライエントはその部位を弛めようと努力する。治療者は「そう！その調子」と声でフィードバックする。

脳卒中後遺症の患者さんたちが集まる病院に成瀬が招かれ、手が動かない(手を挙げることができない) 方が被験者になった。その手を成瀬が手伝ってのばし、膝の上に置いた姿勢で動作催眠をかけた。動作催眠になったところで「腕が楽に動くようになって、伸ばしたままの腕があなたの前方を通って真上まで上がっていきます」という暗示をすると、腕はゆっくりと頭の上まであがっていった。

四十肩、五十肩にしても臨床動作法が効果を示した。この場合は、習慣化・慢性化した肩の緊張以外には、からだの障がいがないので、緊張を自分でゆるめられるようにすればよい。しかし、この緊張は無意識に出来上がったもので、なかなか自分では処理できない。援助がうまくいけば、1回のセッションで、手を挙げることができるようになるという。

1975 (昭和50) 年には自閉の子ども、落ち着きがなく興奮しやすい多動な子どもに施行したところ、落ち着きが出る、コミュニケーションが取りやすくなる、などということが明らかになった。これらの結果に関して、成瀬は、長い間半信半疑であったようだ。しかし、成功したという報告例が多く、認めるようになったという。

成瀬が始めたころは、動作訓練を求める脳性麻痺の子らは比較的軽度の子が多かった。対象はだんだん重度となり、重度重複障がいの子が多くなっていった。またダウン症の子や筋ジストロフィーの子、それ以外の障がいの子どもたちも多くなっていった。

1980（昭和55）年ごろからは、統合失調症者に施行することも行われるようになった。それまでじっと座ったままほとんど動こうとしなかった人が、自分で散歩に出かけるようになる、ものを言わなかった人が周囲にあいさつするようになるなど、こころが活性化する様子が報告された。また発作が起きた時も、その後に昂奮がより早く収まることが明らかになった。

統合失調症へ対応できることが分かったことで、神経症のための治療に試みられることも始まった。不安神経症、強迫神経症、書痙、対人恐怖症、抑うつ神経症、転換ヒステリー、神経疾患を疑われた歩行不能、自己臭、解離性障がい、チック、失語症、不登校、過呼吸症候群、心身症、自傷行為から阪神大震災の後のような被災後に起こるPTSDに至るまで、動作法が顕著な治療効果を持つ、と次々報告されるようになった。

動作訓練法は、心理療法として認知されるようになっていった。

【手続き】

最初に治療者がクライエントから、生活体験をどのように変えたいかを聞きとり、それに向かう変化の可能性を予測する。変化に必要なセッション体験を見立て、推測される、効果的に体験しやすい動作パターンを「課題動作」に決める。

自分のつらさを言語でもって表現できないクライエントの場合はどうか。例えば不登校の状態でいる子どもは、なぜ自分が学校に行くことができないのかを意識できない場合も多い。しかし、絶えず何か不安や緊張を抱えており、からだに無意識に力が入ってしまっている。サポーターは「力が入っているね。ゆるめてみようか」と課題を見つける。

首回りや肩に力が入りすぎている場合、サポーターはまずクライエントを椅子にこしかけさせる。そして肩に触れ、最も力が入っていそうなポイントを見つける。そこを押さえて、クライエントに意識を集中するように指示する。「さあ、ここに意識を集中して、弛めてみよう。」

クライエントが努力を始めたら「そう！そのちょうし」「そう、そう」とフィードバックを与える。つまり言葉がけで励まし、その努力の方向が合っていることを伝える。

このようにクライエントは積極的に課題努力し、治療者も援助する。その際の治療的人間関係やプロセスは、心理学的である。これらの体験は、何かの意味が分かるというようなものではなく、「行」に似ていると、成瀬は述べている[3)]。クライエントは、いま、ここでの感じをじっくり体験し、治療者はそのような安全・安心な場を保障する。

課題が達成できたことをサポーターにフィードバックしてもらうことは、クライエントにとって、自分の身体をコントロールできたという自信につながる。

臨床動作法独自の治療体験について成瀬がいくつかあげているので、ここに列挙する。

①　自体への留意
②　自体への能動的・現実的働きかけ
③　からだは考える
④　緊張のリラクセイション
⑤　動かす感じと自体感・自体像
⑥　現存在の実感的・体感的体験
⑦　世界内存在の実感的体験
⑧　課題実現の成否いずれの体験も
⑨　お任せ体験

つらい気持ちでいる人、症状を出しているクライエントは、自分のからだに上手く注意を向けることが難しい。成瀬が自体と呼ぶのは「自分のからだ」が意味的に近いと思う。自体感は「自分のからだである」という感じのことだ。サポーターが課題を用意し、体を動かし、課題をする中で、その人は自分のからだを感じ、とりもどしていく。

課題に取り組むにあたって、クライエントは何か無理し頑張って動くのではない。サポーターの声を聴きながら、その声に身を委ねる。つまりサポーターに自らをお任せするのである。

【事例】

成瀬の報告[3)]から「体軀部がこけし人形のようにかたい人」たちの例をここに転記する。

阪神・淡路大震災後、ボランティアでこころのケアのお手伝いに出かけたとき、「心理按摩」と銘打って避難所にいる方々にお目にかかりましたが、その時被災者の方々に体軀部がこけし人形のようにかたくなっている人が多かったのは印象的でした。

肩まわりや腰まわりがかたいのは予想通りでしたが、それだけでなく背中を前に屈げようとしても自分では屈げられないし、左右いずれかへ横屈げするのも難しく、頸もかたくてうまく動かせません。もちろん、後ろへ反らせることなど、とてもできません。

上体部分がこれほどかたくては、それだけで日常生活の動作が大変不便で億劫なことでしょうが、さらに気持ちが不安定で、落ち込んでしまい、何もする気になれないのですから、そんな気持ちがさらに不当な緊張を呼び、からだをいっそうかたくしてしまったのでしょう。

この方々に肩まわり、腰まわりのリラクセーションを試みてたいへん喜ばれたのはいうまでもありません。効果的だったのは軀幹部のリラクセーションでした。とくに、背中の前屈げ、後ろ反らし、脇の横曲げなどが思いもかけず有効でした。

この経験の後、私のところへやってくる方々の軀幹部をみていると、神戸のときほどではないにしても、やはり予想外にかたい人が多いのには驚かさ

れます。

この部位の緊張がゆるみ、実際に柔軟になってくると、からだが楽になった、便通がよくなった、血圧が下がったなど、全体にからだが健康になったという報告が多くなってきます。

もちろん、一回のセッションだけですっかりゆるむというわけにはいきませんが、とにかくわずかでも緊張がゆるむ経験をした人たちは、ただそれだけなのに、セッションの後で「気持ちが楽になった」、「目から鱗が落ちた」、「世界が明るくなった」、「視野が開けた」、「生き返った」、「おしゃべりがしたくなった」、「やる気が出てきた」などという変化を報告しています。

【臨床動作法を学ぶには】

日本の心理学関係の資格認定制度の歴史はどれも比較的浅いが、その中で最も早期に整えられたのが、臨床動作法に関する資格認定制度である。

動作訓練がある程度出来上がった1973（昭48）年、大学や研究施設における研究者および実践者19名による「心理リハビリテイション資格認定委員会」が設けられ、一定基準に達した者にはトレーナー、あるいはスーパーバイザーの資格を認定することになった。

委員会によって認定された、五泊六日を基準とした宿泊集中訓練キャンプに、トレーナーとして三回以上参加し、単独で訓練できる技能を得る。そのうえに、リハビリテイションに必要な心理学的・生理学的な基礎知識を習得した者は「トレーナー」の資格が、またトレーナー資格取得後五回以上の認定キャンプにトレーナーとして参加し、スーパーバイザー三名以上から有資格者として推薦されたもので、委員会によって訓練場の指導能力ありと認定された者は「スーパーバイザー」の資格が認定される。

資格の基準になる「認定キャンプ」は、五泊六日以上にわたる宿泊集中訓練が一定数の認定されたスーパーバイザー指導の下でおこなわれるもので、提出される参加人数、日程とスケジュールおよびスーパーバイザー表などによって、委員会からその都度認定される。

資格認定はキャンプが規準になるが、大学や研究機関に設けられた「認定課程」で単位を得た者は認定キャンプ1回分として算定される。認定課程はキャンプに匹敵する動作訓練の実習と講義で大学一学期間（半年間）を充てるものとし、提出された実習と講義のカリキュラムに基づいて委員会がその課程を認定する。認定課程が認定キャンプに換算できるのはその人にとって一回のみに限られる。

課程を持つ大学では、公開講座などが催される場合がある。そういった公開講座に参加して、実際に課題を体験し、慢性的な筋緊張に気づくことから始めてみると良いだろう。

‘壺’イメージ療法（Vase Image Therapy）

【‘壺’イメージ療法の成り立ち】

田嶌誠一（1951-）が考案した。1983（昭和58）年に「‘壺’イメージ療法」というタイトルの論文が、世に出ている。

閉眼時にクライエントが思い浮かべたイメージと、セラピストのサポートで治療を行うのが、イメージ療法である。自由にイメージする場合がフリー・イメージ法、イメージを治療者から指定する場合が指定イメージ法で、‘壺’イメージ法は、指定イメージ法である。

危機的なイメージが、急激にクライエントを襲うこともあるだろう。イメージ法は原則として統合失調症など自我が弱い病態には禁忌となっている。「イメージ法に限らず、他の非言語的な体験を主として取り扱う治療法を、より重篤なケースへ適用するにあたっては、何等かの技法の修正が必要」だと田嶌は考えた[5)]。

博士課程に在籍していた時に受け持ったクライエントに田嶌は、フリー・イメージにより治療を行っていた。するとそのケースに、洞窟の中に手前から奥の方へと壺が並んでいるイメージが出現した。

当初は、「壺の中から何かが出てくる」と教示を行っていたのを、ある時「手前の方から順番に壺の中に入ってみよう」と提案したところ、身体感覚的な体験が鮮明に感じられるようになったのだという。

【壺イメージ療法の手続き】

① 導入準備

導入の前に、クライエントが自分自身のこころの内を探索する心構えができることが大切である。（これを田嶌は「内界志向的構え」と呼ぶ。）また、入れそうもない壺には入らなくても良いことを、あらかじめ伝えておく。

② いくつかの壺、または壺状の入れ物が出現するように教示

「心の中のことが少しずつ入っている壺、または壺状の入れ物が浮かんでくると思って、待っていてください」と、クライエントにこころの中

のことが入っている壺をいくつか思い浮かべてもらう。

③　浮かんだ壺イメージの中に一通りちょっと入ってみて、すぐに出て蓋をする

「手前の壺のほうから順に、壺の中へ入ってみましょうか」と教示し、思い浮かんだ壺の中にちょっとの間だけ入ってもらう。中での感じをちょっとだけ感じ、すぐに出て壺にふたをしてもらう。浮かんだすべての壺に対して、順に行う。入れそうもない壺には入らない。

出る、入る、というコントロールがきくことで、壺の中に危機的なイメージが入っていると予測された場合に、「適当な場所に置いておこう」「壺から距離をとろう」などと、入らずにおくよう教示できる。また、逆に危険な壺には蓋をしっかり閉めてそっとしておくように提案する。

④　クライエントにとって心地よく、楽な壺から順番をつけてもらう

必要に応じて並べ替えても良い。

⑤　居心地の良い壺から順に入ってもらう

今度は受容的、探索的な心構えで、感じられるままに、十分あじわってもらう。

⑥　‘壺’の外に出て蓋をする

もう十分だ、とクライエントが感じたら、中で感じたことは ‘壺’の中に残し、外に出て蓋をしてもらう。

⑦　‘壺’と十分に距離をとる

‘壺’との距離を十分にとってもらう。

⑧　次の壺へ入る、または壺をどこかにしまって終了にするか、それとも消してしまう

‘壺’の中では深いものが出やすく、クライエントはしばしば症状や問題そのものを体験する。その時は、なるべくゆったりと十分に感じてもらうよう励ます。そうすることで、例えばクライエントは心構えの自己コントロールが以前より容易になり、そのような体験からうまく距離が取れるようになる。結果、実際の環境刺激からも影響されたり圧倒されたりすることが少なくなる。

田嶌はまた、1994年に「‘壺’イメージ描画法」も発表しており、この療法は「‘壺’イメージ療法の問題点をカヴァーしうる、よりマイルドな技法」とし、初心者でも容易に使うことができる点や、かなり重篤なケースにも適用できる点が特徴だと述べている。「絵を描くことはイメージ面接のようにイメージを浮かべるのにくらべ、イメージを掻き立てることが少なく、またイメージの動きを鎮める作用が多いように思われる」 [0]と、イメージ療法より安全性が高いことを強調している。

【事例】

自分も‘壺’イメージを体験してみたいという、健常者（50歳、男性）に、10回のセッションで実施したもののうち、第1回から第3回までの記録が、論文として発表されている。治療法を体験した男性自身が、セッションを録音したものを聞き、記録にまとめたものの一部が紹介されている。[7]その冒頭部分、田嶌の教示だけをここに転記することにした。

第1回

〈はい、じゃあ、始めましょう。軽く目をとじましょうか。今から心のなかのことが少しずつはいっている‘壺’、もしくは‘壺’みたいな容れ物が浮かんでくると思って待っててください〉

〈その中にはあなたにとってきついものが入っているかもしれないし、らくーなものが入っているかもしれないし、自分でもなんだかわけのわからないものが入っているかもしれない。どんなものが入っているかわからないけど、とにかくそういう‘壺’が出てくると思って待っててください〉

〈あんまり見よう、見ようという風に強く思う必要はありませんから、まあ、待っているとそのうち出てくるかもしれないなあっていうくらいのつもりで待っててください。出てきたら教えてください〉

という教示に従ってしばらく気持ちを落ち着け、目を軽くつぶって待っていると、暗い闇のなかにぼんやりと4つほど‘壺’が……（略）。

【‘壺’イメージ療法を学ぶには】

イメージ療法は、必要な注意を怠ると、クライエントを危険にさらしてしまう。まずは心理士・師の資格を習得することである。通常のカウンセリングなどの経験も十分積んでから、‘壺’イメージ療法に取り組むのが良いであろう。

心理の専門家はスーパービジョンといって、自分よりも経験を持った専門家から、自分が行っている臨床事例について指導・助言を求めることになっている。‘壺’イメージ療法を用いている臨床家を探し、自分の臨床について指導を受ける環境を整えてほしい。

コラージュ療法（Collage Method）

【コラージュ療法の成り立ちと概要】

森谷 寛之

コラージュ療法は、森谷寛之（1947-）が1970年代に臨床で工夫を重ねたもので、1987（昭和62）年に学会で発表している（「心理療法におけるコラージュの利用」第126回東海精神神経学会）。

森谷は、表現力の乏しいクライエントの表現力を、少しでも促進するためには、どうすればよいのか、ということに関心があった。その目的に対して一番強力で信頼できる方法は箱庭と考えた[8]。では、箱庭療法の設備のない環境において、どのように子どもや、表現能力に乏しい大人に対応するのかについて、森谷はいつも悩んでいた。

初めは箱庭のサイズを落とし、その下に引き出しをつけ、より小さなミニチュアを入れることを考えた。そのアイデアを聞いた森谷の友人が、玩具は紙にしたらどうだろう、と口にした。その瞬間、森谷の頭にコラージュが浮かんだという。

また、河合と、哲学者の中村雄二郎の対談が印象に残っていたことも背中を押したのだという。中村の発言は興味深いので、森谷が自身の論文の中でそうしたように、ここにそのまま引用する。

「箱庭の面白いのは、既成のでき上ったパーツを使っていることですね。実をいうと、われわれが世界をイメージとして作り上げているのは、結局「組み合わせ」の問題なんですね。しかも組み合わせによって、もともとの形の意味は変わってしまう。……まったくの自由というのは、近代の一つの迷妄であって、ある形が与えられている、基本的なものがあることによって、かえって自由になれるんです[9]。」

他に1987（昭和62）年2月に出版された池田満寿夫の『コラージュ論』やヤッフェの「物にひそむ魂」という論文など、当初は森谷の中にばらばらであったものが、友人の一言で結びつき、コラージュ療法が生まれた。

コラージュ療法の特徴としては、以下の5点があげられる。

(1) 非言語的な手段である。

(2) 表現することに意味がある。

(3) 実施が簡単で抵抗が少ない

(4) 1回限りの表現である。

(5) 整理が簡単である。

用意するものは、画用紙、ハサミ、のり、素材である。

【コラージュ法の手続き】

その(1)コラージュ・ボックス法

切り抜いた素材をあらかじめ箱の中に入れておく。クライエントはその中から好きなものを選び、画用紙に貼る。素材はそのままでも、さらにハサミで切って貼り付けても良い。

その(2)マガジン・ピクチャー・コラージュ法

クライエントは用意された雑誌から好きな素材を切り抜き、画用紙に貼っていく。

実際には(1)と(2)を折衷した方法も行われる。森谷は(1)コラージュ・ボックス法を15分～20分で実施することが多かったようだ。(2)マガジン・ピクチャー・コラージュ法の方がより多くの時間を要する。

制作の後で少し話合いの時間をとり、クライエントに作品について語ってもらう。説明してもらう、連想を聞くなどする。できるならば、タイトルを考えてもらう。

作品全体から受ける印象、クライエントがタイトルをつけた場合はそのタイトル、用いられている素材、画面全体の構成力や空間配置、そして自己イメージしたものから、クライエントの状態を類推する。クライエントの課題や、治癒の具合を読み取るのだ。

【コラージュの種類】

コラージュそのものは一人を対象とする実施、集団への実施など、その応用はさまざまである。最もポピュラーなものを列記する[10)]。

・　はがきコラージュ
・　分割コラージュ
・　アンサー・コラージュ
・　DO コラージュ
・　パートナー・コラージュ
・　カラー・コラージュ
・　日めくりコラージュ

このほかにもいろいろあると思われる。

【事例】

ここでは著者の最近の自験例を紹介する。マガジン・ピクチャー・コラージュ法である。

慢性のアトピー性皮膚炎と喘息を持った中学2年生の女子が母親に連れられてやってきた。学校に行くことができない日が続いた上に食思不振とのことで、セラピーを引き受けた。

女子と相談室に入って2、3会話を試みたが、自発的に学校のことや友だちのことを話さない。その様子から、芸術療法に誘うことにした。

出された文房具を見て「絵を描くの？絵、下手なんだけど」と言う。それならばコラージュ療法が良いかと咄嗟に思い付いた。雑誌や本にある写真を切りとり、画用紙に貼ってみないかたずねると「やってみる」と言う。大きな画用紙と小さな画用紙を出して選ぶように言うと、小さな画用紙を選んだ。黙々と切り始めたので、執筆者も一緒にはさみを動かしつつ見守った。

アイテムを張り終わると色鉛筆を使いたいというので、承諾した。

そしてできた作品が次のページのものである。

絵について自由に語ってもらい、タイトルも考えてもらった。

「大きな猫のまわりには、金持ちだからいっぱいたべものがある。だから、タイトルは“金持ちの猫”。小さい猫は、うらやましそうに見てる。」丸く複数あるのはお皿の写真だが、それらについて問うと「大きな猫の持ってる華

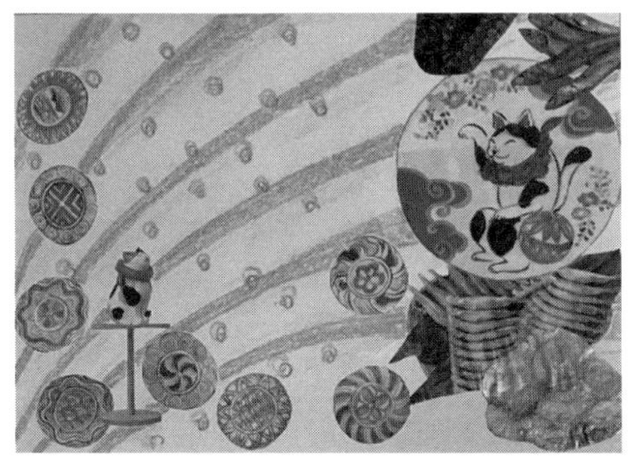

やかさ」と答えた。

女子は、アトピー性皮膚炎のために少し肌の色が濃い。思春期でもあり、自分の見た目に人目をひくような派手さがないことを気にしているのだろう。派手であることは食べ物がたくさんあることであり、今自分には食べる気持ちがあまりないことも、コラージュで訴えているように感じた。

どちらの猫に親近感がわくかを尋ねると「小さい猫」と答えた。この女子とのセッションはこの後、半年続いた。

【コラージュ療法を学ぶには】

まずは初学者同士、一方が治療者、もう一方がクライエント役をして実施する。時間があれば、役を交代して実施すると良い。

専門の大学院に進学すれば、併設の心理教育相談室で、あるいは心理士・師の資格を取って、実際のクライエントに実施することになるだろう。

コラージュ作品の解釈はそれ相応の経験が必要になるので、経験者による指導を受けることができる環境があることが望ましい。

風景構成法（Landscape Montage Technique）

【風景構成法の成り立ちと概要】

中井 久夫

風景構成法は、中井久夫（1934-2022）によって考案された。中井が風景構成法の構想を練っていた時、第1回芸術療法研究会（現在の日本芸術療法学会）で河合の講演を聞く機会があった。河合は、統合失調症者が箱庭を作るときに、枠の内側に柵のミニチュアなどで枠を作る、と話した。

中井は、箱庭の枠だけでは、統合失調者にとって守られた感じが乏しいのだろうと推測し、翌朝さっそくクライエントに向けて枠づけ法を試みた。すると、今まで同じ絵しか描いてこなかったクライエントが、枠の中に全く違った風景を描いた[12)]。

「河合の講演を聞いた中井が風景構成法を思いついた」という文章も見かけるが、厳密にいえば、その時思い付いたのは、この枠づけ法である。中井は、治療者がクライエントの目の前で枠を描き、それをクライエントに直接手渡すところにも、見落とせない意味がありそうだと考えていた。

多くのクライエントが中井に語ったところによると、枠づけは描画を容易にする。が一方で、クライエントに集中を強い、逃げ場がなく、描かないわけにゆかない感じをおこさせるのだという[11)12)]。枠は“保護する”と同時に“強いる”という二重性があるようだ、と中井は言う。枠づけ法、は治療者とクライエントの関係がある程度できてから実施すべきで、初回に実施することを中井はすすめていない。

河合の講演を聞いた中井は、箱庭療法の導入も考えた。箱庭のためのミニチュア集めが始まる。なかなか箱庭療法を始めるまでは時間がかかりそうであった。そんな中、中井は待ちきれずに、枠の中にアイテムを描き込んでもらうことを思い付く。どのようなアイテムをどのような順番で描き込んでもらうか、直ちに思い付いたという。風景構成法の誕生である。

風景構成法でもって、統合失調症のクライエントの容態を診るには、描けるか描けないか、風景を構成できるかできないかというところで判別がつく。

また例えば、病態水準のおもわしくないクライエントに箱庭を導入する場合、その安全面を確認するために、事前に風景構成法を施行する、といった用い方もされる。

【風景構成法の手続き】[14)]

第1－準備段階

クライエントと机を前にして90度もしくは平行に腰掛ける。数枚の画用紙とサインペン、そして彩色には24色程度のクレヨンを準備する。色鉛筆や、細いサインペン、ボールペンなどがあっても良い。

第2－提示説明段階

治療者がクライエントの見ている前で、サインペンで画用紙に四角い枠を描き入れ、そのペンをクライエントに手渡す。次に「今からここに風景を描いてもらいます。描き入れるものを私が言いますから、順番に描いて、最後に一つの風景になるようにしてください。絵の上手、下手を見るのではありません」と説明する。

描き入れるアイテムは10個で、その順番は決まっている。

1.川　⇒2.山　⇒3.田んぼ　⇒4.道　⇒5.家　⇒6.木　⇒7.人⇒8.花⇒9.動物　⇒10.石

これらは当初9個であった。最後の石（または岩）が付け加えられて、10個になったそうである。

第3－彩色段階

「できましたね」と絵をかざして一緒にながめて「では、色を塗って仕上げてください」と彩色してもらう。

第4－話し合い段階

「いよいよできましたね」と一緒に眺め、「疲れましたか」とねぎらう。クライエントの耐性をみて、質問のきめ細やかさを選択する。季節、時刻、川の流れの方向や大きさ、深さ、山の高さ、人と家の関係など。

第5－余韻

所要時間は10分ないし20分が普通である。

【アイテムについて】

10個のアイテムについて、中井の解説を引いてこよう[14]。

中井は「川」「山」「田んぼ」これら３つを大景群と呼ぶ。

この３つを「大景群」と呼ぶが、これでおおまかに空間構造が決定されたといえる。実際、風景構成の勘どころは僅かな「要素」を描く行為のうちに混沌がみるみる整序されてゆくことである。

「家」「木」「人」の３つを中景群と呼ぶ。

つまり「H」、「T」、「P」である。これを中景群と呼ぶ。HTP（テスト）に続けて風景構成法を施行した場合、それぞれの形が相通じる場合と別個といってよい場合とがある。後者の方が、状況によって変動しやすいといってよいだろう。

「花」「動物」「石（か岩）」の３つを近景群と呼ぶ。

種を明かせば「動物」「植物」「鉱物」なのである。「花」を先にしたのはここで（たぶん治療者の方が）一息いれたかったのであろう。この論文での提案であるが、もし「なんでもいいですが（と前置きして）動物・植物・鉱物的なもの、例えば石とか岩ですね」とすると、本法に新しい広がりが生じるかもしれない。具体性を重んじたのはおそらく対象が分裂病患者だったからであろう。ただ「植物」というと「木」で、すでに描いたという人が出るであろうが、それはそれでよいであろう。

【事例にかえて】

単独の事例を紹介するのではなく、中井による症例別の絵の様子をここに引用する[14]。

統合失調者の方が、施行時間が短いのは、箱庭と同じである。これは単純

だからというよりも再考と逡巡と訂正とがなく、色を重ねないということによることが大きいとみられるが、その一部はクライエントがこの緊張の場から早く逃れたいためであるかもしれない。

逆にアルコール症あるいは嗜癖のクライエントの所要時間は時に非常に長く、1時間を超えることがある。

うつ病者への実施はためらわれるので経験がない。うつ病者の前に急に視野が開けることは一般に危険なのではないかと思うからである。

風景構成法は多くのクライエントの記憶に予想外に長く残る。2度目以降「前のと同じになっちゃいますがいいですか」と聞くクライエントが少なくない。「いいよ」と答えるが、そう尋ねるクライエントが同じ絵になることはない。

【風景構成法を学ぶには】

クライエントが守られていると感じることができる環境、よく知っている人から手描きの枠を渡されるという関係性が、実際の実施の上では重要になってくる。よって十分経験を積むことが望ましい。

まずは手順の習得ということであれば、健康な初学者同士、テスターとテスティーを交代で実施すると良い。実際の臨床にあたっては、スーパーバイザーを得るようにする。

【参考・引用文献】

⑴ 成瀬悟策（1998）「臨床動作法」『日本の心理療法』朱鷺書房

⑵ 成瀬悟策（1998）『姿勢の不思議』講談社

⑶ 鶴光代（2007）『臨床動作法への招待』金剛出版

⑷ 成瀬悟策（2001）『リラクセーション』講談社

⑸ 田嶌誠一（1983）「壺イメージ法」『広島修大論集．人文編』第24巻第1号　広島修道大学人文学会

⑹ 田嶌誠一（1994）「壺イメージ描画法」『教育学部紀要．教育心理学部門』39(1-2)九州大学教育学部

⑺ 田嶌誠一（2000）「壺イメージ療法の健常者への適用」『心理臨床学研究』18(1)日本心理臨床学会

⑻ 河野良和（1996）『悩みに負けない！』PHP

⑼ 森谷寛之（2003）「心理臨床における私の工夫－コラージュ療法が生まれるまで－」3(5)臨床心理学

⑽ 藤掛明(2020)「コラージュ入門」一麦出版社

⑾ 中井久夫（1970）「精神分裂病者の精神療法における描画の使用」2 芸術療法

⑿ 中井久夫（1974）「枠づけ法覚え書」5 芸術療法

⒀ 中井久夫（1984）「風景構成法と私」『H.NAKAI風景構成法－シンポジウム－』山中康裕編 岩崎学術出版会

⒁ 中井久夫（1992）「風景構成法」7(3)精神科治療学

コラム4　箱庭療法

コラージュ療法や風景構成法と関係が深い箱庭療法は、日本生まれの心理療法、というわけではありませんが、日本で大きな発展を見せました。

こころに傷を負った兄弟が、父親の前で小さなおもちゃで遊ぶうちに、こころの問題が解決されていった、という事例を知った英国の児童精神科医が、世界技法と呼ばれるものを工夫しました。

それに興味を持ったのが、ユング研究所にいた、ドラ・M・カルフ（Dora M. Kalff, 1904-1990）です。カルフはユングの指導のもと、サンド・プレイをあみ出しました。

そして、カルフから手ほどきを受けた河合隼雄が、1965（昭和40）年に日本へ箱庭療法を紹介しました。河合は欧米と比較した時、日本人は非言語的表現が多いため、箱庭が適していると直感的に感じたといいます。

日本には、古くから盆石、盆景といった遊びや風習があります。これもまた、箱庭が日本で広まることが比較的容易であったことと、無関係ではないでしょう。

箱庭では、72㎝×57㎝の、内側が青く塗られた高さ7㎝の箱を用い、それに砂が入っています。クライエントは自発的に棚にあるミニチュアを並べ、治療者はただ見守ります。そして、箱庭に現れたテーマをクライエント、治療者の双方が味わいます。

ただ、砂に触れると言うことは、自我の弱い人をいたずらに退行させかねません。精神的な危機に陥れる危険性もはらんでいます。箱庭の使用は、慎重でなければなりません。

第6章　日本社会と日本生まれの心理療法

Japanese society and Japanese psychotherapy

‘おまかせ’するこころ

日本で生まれた心理療法、特に3大心理療法（森田療法、生活臨床、内観療法）では、クライエントはその治療法に身を預け、まずはその治療を体験してみる。治療を体験するうちに、生きていく上で必要な考え方や方法が伝わってくる。それがこれら心理療法の大きな特色ではないだろうか。

例えば内観療法などはその作業に厳しくルールがある。また、食事中に流れる音声テープなど、先達のお手本がある。クライエントはその中へ身を投じる。つまり、‘おまかせ’するのである。

これは、飲食店でよくみかける「おまかせメニュー」というのと、原理的に似ているかもしれない。美味しいと言われているお店だから、自分が良いと感じて入ったから、料理の仕上がりを信じて委ねる。それを不安や苦痛と思わず、むしろ楽しみとするのが私たち日本人のやり方なのかもしれない。

対する西洋の飲食店では、何を、どのような料理法で、どのくらい火を通して、塩は少な目に、と細かに注文することが多い。心理療法も同様で、まず観念的に理解してから治療を受ける。また、例えば精神分析を受けたとして、そこに手本などはなく、ほぼ丸腰で自分の内面と向き合わなくてはならない。

河合は、日本人のこころは意識と無意識の境界があいまいで、想定される自我のあり方も西洋人のそれとは異なっている、と言った（コラム2)。日本人は意見を明確にし、責任を持つということにおいて、相手に実にわかりにくい印象を与える。しかしこれは、あいまいさに強い、と言い換えることはできないだろうか。日本人は、与えられる価値観に対して素直な面を持っている。

大和内観研修所の真栄城輝明（1951-）はこう述べている。

真栄城 輝明

西洋は自我の確立をめざし、日本は自我の滅却を志す[2)]

湯浅（第1章）は「自己を滅して」と言い、真栄城は「自我の滅却」と表現した。湯浅が用いる自己、真栄城が言う自我とは、その人の主体性やその人自身を意味する「我」である。また、さらには「我執（とらわれ）」をも指していると思われる。

とらわれとは、ありのままを受け入れることができない、自然な流れに逆らう様を言う。あいまいさへの不安も、とらわれの一つだろう。森田療法は、とらわれからの解放へと人を導いている。

方法を信じて身を委ね体験するうち、状況が改善されていく。症状や問題の軽減に向けた方法（道）を体得できるのが、日本の、特に戦前生まれの3大心理療法の特色である。そういえば、臨床動作法の成瀬も「お任せ体験」という言葉を用いていたが、このことに通ずるであろう。

症状と日本の心理療法

秋田 巌

精神科医の秋田巖（1957-）は、日本の心理療法とその背景にある日本的精神性についての研究者である。その秋田は「西洋の心理療法は症状に焦点を当て、東洋の心理療法は人間精神の本質に迫る」と述べている[4)]。

日本の心理療法は、症状に対処することを目的としながらも、それだけに焦点をあてるわけではない。あるいは強いて焦点を当てすぎない。症状に焦点を当てない、とはどういうことだろうか。

日本の心理療法とたびたび比較される西洋の心理療法に、CBT（認知行動療法）がある。CBTは、問題となる症状に着目し、その頻度を減少させ、症状そのものを消去することを目的とする。段階的に達成目標を決め、患者の認知に働きかけて変化を促すことで、行動に変容を促すのである。

CBTにおいて症状は、悪いものと位置づけられる。症状は悪なので、消去すべきものとされる。一方、日本の心理療法は、症状を消去することを第一の目標としていない。（ここで断っておくが、西洋のすべての心理療法が、症状の消去を第1の目標としているわけではない。）

例えば森田療法でいうと、症状に悩む状況こそが「あるがまま」にあたる。「あるがまま」を認める、つまり症状を持って困っている自分を、そのまま受け入れることができるようになることが、森田療法の目的の一つである。

東畑はこの態度を「心理学することへのラディカルな拒絶」だと述べているが、果たして症状を受け入れる営みとその促しが、心理学することの拒絶にあたるのだろうか。

「あるがまま」を受け入れることはとても難しい。その難しいプロセスを森田療法は支える。症状のために日常生活を阻害されていた人が、症状があっても生活を送ることができるようになる。やがて症状を気にとめなくなり、いつしか症状の出現頻度も減っていく。これは、心理学的なプロセスだと言えないだろうか。

症状の消去が、一概に悪いとは思わない。が、CBTによってある症状Aを消去した人に、入れ替わりにBという問題が出現し、増加した、ということが臨床ではたまに起こる。症状も、時にはその人にとって重要な意味を持っていたりするので、おいそれとは消えてくれない。むやみに消すことはしない方が良いのかもしれない。

日本の三大心理療法は症状をどのように扱っているだろうか。

・　森田は、自宅で入院森田療法を受けている人と良く言葉を交わしていたが、症状について話すことはほとんどなかった。
・　江熊は、症状について確認することはあっても、どのように生活するかということにより重点を置き、多くの時間を患者や家族の生活の相談に割いた。

・　吉本は、自分は医者ではないから、と病気について話すことをせず、良い内観が行えるよう手助けすることに徹した。

どの心理療法も、症状の軽減や病気の再発予防に実際的には寄与するが、基本的に症状を直接は扱わない。

日本社会の問題と日本の心理療法

ここで、第1章で述べた、発達障がいと愛着障がいについて考えてみたい。

発達に偏りがある子どもたちは、認知能力の発達にも問題を抱えていることが多い。また、虐待を受けて育ってきた子どもも、認知の発達が順調でない場合が多い。先ほど挙げたCBTに取り組むにあたっては、見る、聞く、考える力がしっかり育っていることが前提になる。この子たちにCBTを行っても、大きな効果は期待できないかもしれない。

虐待する親の場合はどうだろうか。適切な養育行動をとることができない親は、自身の養育者から、適切な扱いを受けずに成長していることが多い。養育者自身のこころの発達が、偏っている可能性が考えられる。こころの発達の偏りは、認知にゆがみを生じさせることが多い。

認知療法を内観療法と比較してみよう。内観そのものはとても厳しいものであり、それ相応の認知の力が要求される。しかし内観療法は、3項目に答えることができないからと言って、すぐに適応外ということにはならない。

特に集中内観の場合、内観面接者は、内観面接のほかに、内観者の生活すべての世話をする。内観研修所全体が内観者を一週間抱え、守る。抱えられた経験、守られた経験は、認知能力の程度によらず、感じ取ることができるものだ。それは内観者の貴重な体験となり、こころへの影響が期待できる。

今の日本社会を特徴づける発達障がいや愛着障がいという問題に対して、日本生まれの心理療法は、その取り組みへのヒントを内包していると言えないだろうか。

生活臨床について、臺（第3章　生活臨床）は実学的だと言った。実学という語は観念的な学問と対照的な、実用的な学問のことを指している。時に、科学的、理論的に十分吟味されたのちに、実際の方法が編み出されたものではない、という意味合いも含む。つまり、経験や実証が、論証に先んじている。

実学という言葉に、日本では良い意味を与えてきたように思う。そして本稿で取り扱った日本生まれの心理療法のうち、特に森田療法、内観療法、そして生活療法については実用的な特色が濃い。しかし近年、エビデンス・ベイスドということが言われ、胸を張って実学とは言いにくくなった。例えば内観学会においては、数年来その理論的整理にエネルギーがそそがれてきている。

一方で歴史を紐解くと、西洋の医学においては18世紀のドイツで、人間から症状を切り離して取り扱う科学主義、還元主義に対して反省が行われている。東洋医学が注目され、心身医療の流れが生まれた。人間を包括的に、全人的にとらえようとする動きである[5]。全人的医療とは身体・心理・社会・実存的側面から患者を診ることを言う。この定義はそのまま日本生まれの心理療法に、少なくとも三大心理療法に援用できるように感じるが、いかがなものだろうか。

西洋医療が取り入れられた明治時代に生まれた森田療法、精神病院がたくさん作られた時代の生活臨床、そして昭和50年代以降に盛んになった内観療法。時代も成立背景もばらばらなこれらの心理療法が、日本で生まれたというだけで、全人的素質を兼ね備えていることは、特筆すべきことのように思う。

東洋か西洋か

日本と西洋の差は、近年小さくなりつつあると言われるが、同化してしまったわけではない。そのことを筆者は、一定期間カウンセリングを継続したクライエントを内観研修所に紹介し、集中内観が終わったのちにカウンセリングを再開した経験から得ている。

そのクライエントは医療者であった。カウンセリングという西洋の枠に、より適応していた。日本の心理療法の枠にはなじめず、内観では最初の3日ほどとても苦しんだ（3日目の壁）。家族も一緒に集中内観に行ってもらったのだが、家族は日本の内観療法の枠が非常によく合っていた。

クライエントと家族は内観中に同じタイミングで同じ夢を見た。クライエントは感銘を受け、内観療法を経験したあとの筆者とのカウンセリングに、深みがみられるようになった。

この例は、日本社会に「心理学すること」が浸透しつつあるとはいえ、西洋の心理療法が日本の心理療法にとって代わってしまったわけではないことを教えてくれる。戦前生まれのものも含め、日本の心理療法は、まだまだ市民権を持っている。

【参考文献・引用文献】

⑴ Emily V. McDonald(2016)“American Attitudes toward Sushi as a Reflection of Attitudes toward Globalization and Culture”

⑵ 真栄城輝明（2021）集中講義「日本の心理療法」（於：京都文教大学）

⑶ 河合隼雄（1976）『母性社会日本の病理』中央公論社

⑷ 秋田巌(2014)『日本の心理療法　思想編』新曜社

⑸ 久保千春(2006)「全人的医療における東洋医学の役割」全日本鍼灸学会雑誌第56巻第4号

おわりに

私が院生だったころ、大学院では、学外にケース・スーパー・バイザーを求めるのが決まりでした。教授先生からの紹介を待つのが習わしであったところ、当時の助手の先生（放送大学　橋本朋広）が「逆に自分から教授に、この先生につきたい、と言ってもいいんやで」とアドバイスをくださいました。

2001(平成13)年、松本市で内観学会があり、参加しました。パネル・ディスカッションでは、和やかに話し合いが進んでいました。質疑応答の時間になり、手をあげた初老の男性は、発言の冒頭から攻撃モードで、和やかな雰囲気は吹き飛び、会場は緊張に包まれました。

それに答えたのは、大和内観研修所の所長（真栄城輝明）でした。「私は質問をした男性と同じ出身（沖縄）で、この方が疑問を感じている点に、痛いほど共感できます」と所長は話し始めたのです。一気に場が和みました。私は衝撃を受け、指導を受けたい先生が、この時決まりました。

松本から飛行機で大阪に戻った時、とても悲しい事件が起きていました。池田小学校事件です。師に出会えたことと、この事件が、自分の歩む道を何かしら暗示しているように感じたものです。

師から引き継いだ仕事のご縁で、この冊子は出来上がりました。

この場をかりてお礼申し上げます。

著者

＜著者紹介＞

田中櫻子(たなか・ようこ)

1966年大阪生まれ.
大阪大学人間科学部人間科学科卒業(教育社会学)
大阪大学大学院人間科学研究科修士課程修了(臨床心理学)
佛教大学大学院教育学研究科(臨床心理学)非常勤講師
京都文京大学非常勤講師

臨床心理士.
公認心理師.
日本内観学会認定心理療法士.
こころの相談室DD夙川主宰.

執筆：「内観への誘い」(朱鷺書房).

日本の心理療法入門

2023年 8 月30日　　第 1 版　　第 1 刷

著　者　田中櫻子
発行者　嶝　牧夫
発行所　株式会社朱鷺書房
奈良県大和高田市片塩町8-10（〒635-0085）
電話 0745-49-0510　Fax 0745-49-0511
振替 00980-1-3699
印刷所　モリモト印刷株式会社

ISBN978-4-88602-559-3 C0011 2023
ホームページ http://www.tokishobo.co.jp